ビギナーズ・クラシックス 中国の古典

荀子

湯浅邦弘

角川文庫
22015

はじめに

「礼が守れぬ者は法も守れない――」

今から二千三百年前の思想家荀子（じゅんし）の言葉です。

政界・企業・大学などで、さまざまな不祥事が相次ぐ昨今、法令遵守（じゅんしゅ）（コンプライアンス）が叫ばれています。不正はなぜ起こるのでしょうか。

荀子に言わせれば、それは「礼」が分かっていないから。「法」の前に「礼」を理解しようというのです。荀子は、「性悪説（せいあくせつ）」を説いた思想家として有名ですが、それに深く関わるものとしてもう一つ、「礼治（れいち）」を主張しています。つまり、人間とは何か、政治の本質とはどういったものか、について深く考えたのです。

本書では、その荀子の著書『荀子』を取り上げ、数々の名言を読み解いてみましょう。

荀子の生涯と思想

荀子の生卒年は、はっきりとは分かりませんが、紀元前三二〇年頃～前二三〇年頃と

荀子

するのが一つの有力な説です。孔子が亡くなったのが、紀元前四七九年ですから、荀子は、孔子の時代から二百年ほど遅れて現れた人ということになります。

その名は況。「戦国の七雄」（地図参照）の一つ「趙」の国に生まれました。戦国の七雄とは、当時、強大な勢力を誇っていた七つの国で、燕、韓、魏、趙、斉、楚、秦の七つ。やがてこの中から秦が突出した軍事力で他の六国を滅ぼし秦帝国を誕生させるわけです。

荀子は、七雄の一つ「斉」（東方の文化大国）に赴いて襄王（在位、前二八三～前二六五）に仕え、「稷下の学」の祭酒（学長）を務めました。稷下の学とは、当時、斉が国力強化を目的として諸国から集めた学者集団のことです。古代版シンクタンクと言えましょうか。荀子は、そこで学長を務めるほどの優れた学者だったのです。

しかし、讒言にあって職を失い、南方の強国「楚」に向かいました。そこで楚の宰相春申君に採用され、地方の長官となります。尊敬の意味を込めて、「荀卿」、「荀子」と

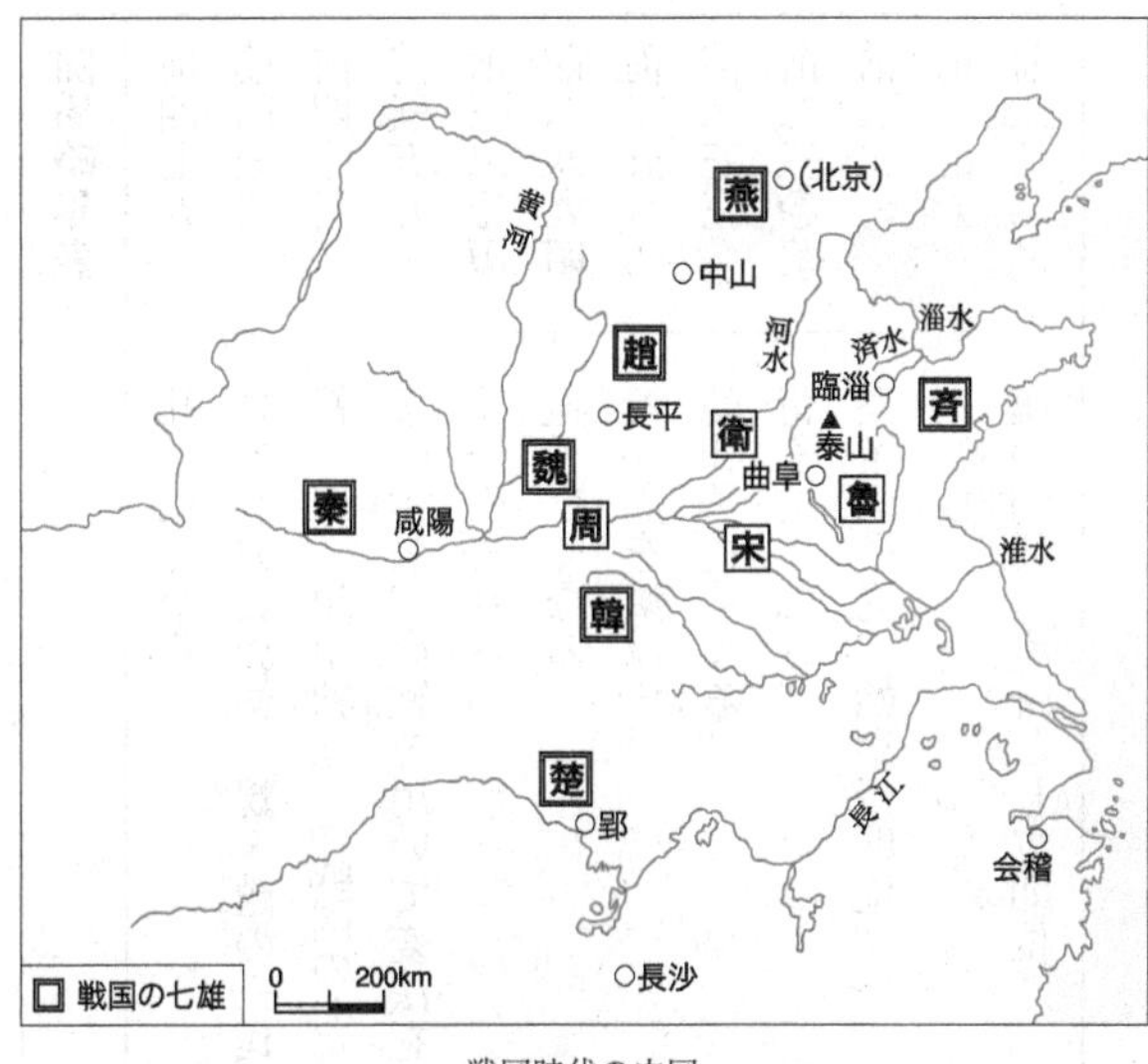

戦国時代の中国

呼ばれました。「卿」は大臣、「子」は先生の意です。

その荀子に学んだとされる著名人として、李斯（りし）と韓非子（かんぴし）がいます。李斯は後に秦の宰相となりました。韓非子は法家思想を集大成し、「法治（ほうち）」を説いた思想家です。関係略年表を次頁に掲げてみましょう。荀子が、戦国時代から秦帝国成立にかけての激動の時代に生きた人物であることが分かるでしょう。

関係略年表

前四七九	孔子亡くなる。
前四五三	晋の有力貴族韓・魏・趙の三氏が実権を掌握。
前四〇三	韓・魏・趙が独立。「戦国の七雄」の時代となる。
前三五九	秦の孝公、商鞅を用いて変法を行う（85頁参照）。
前三二〇頃	荀子生まれる。
前二八九頃	孟子亡くなる。
前二五六	秦が周を滅ぼす。
前二三三	韓非子亡くなる。
前二三〇頃	荀子亡くなる。
前二二一	秦帝国成立、始皇帝即位。
前二〇六	秦滅亡。
前二〇二	漢の劉邦、皇帝として即位。

荀子は、戦国時代末期の乱世に生を受けて、「天人の分」や「性悪説」という特色ある思想を説きました。

天人の分とは、天の領域と人の領域に密接な相関関係はないと説くものです。それまで共有されてきた天への信仰に根本的な反省を迫るものでした。また、性悪説は、孟子の性善説に対し、人は本性のままでは善に向かうことはできないと説くものです。こうした思想を背景に、荀子は、人間の後天的な努力、つまり学問と礼による規制、改革の重要性を力説したのです。

それぞれの思想の内容については、本書の中で詳しく説明してみましょう。

『荀子』の構成と特色

その著『荀子』は全三十二篇。冒頭に、学問を奨励する勧学篇が置かれています。有名な「出藍（の誉れ）」は、この篇の冒頭の言葉に由来します。

今から二千年以上前の古典を読むのは大変です。ただ、後世すぐれた注釈書が現れました。唐の楊倞の『荀子注』、清の王先謙（一八四二～一九一七）の『荀子集解』です。これらを手がかりに『荀子』の内容を読み解くことができます。

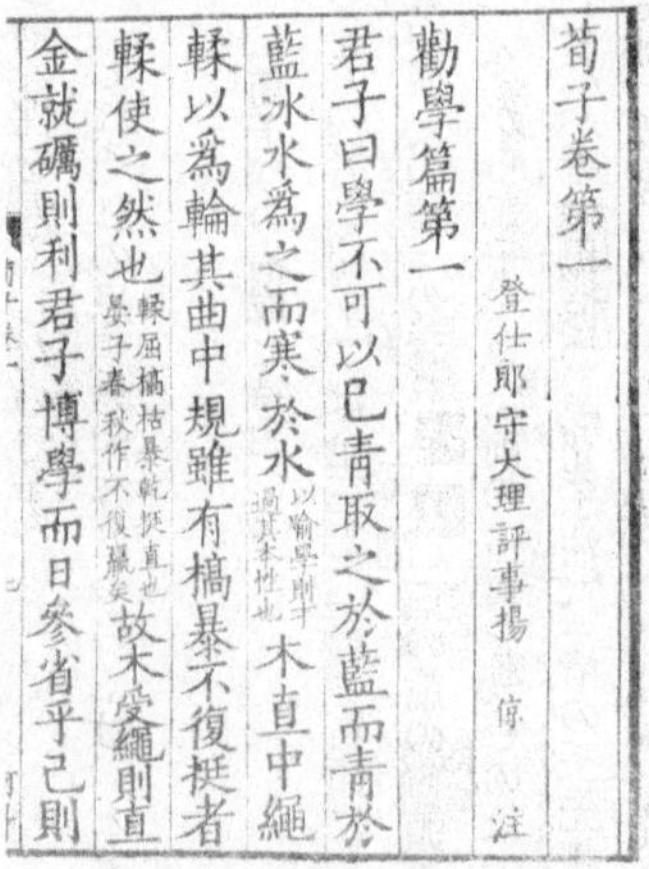

荀子巻第一　登仕郎守大理評事楊倞注

勸學篇第一

君子曰學不可以已青取之於藍而青於藍冰水爲之而寒於水（以喩學則才過其本性也）木直中繩輮以爲輪其曲中規雖有槁暴不復挺者輮使之然也（輮屈槁枯暴乾挺直也晏子春秋作不復贏矣）故木受繩則直金就礪則利君子博學而日參省乎己則

図1　宋本『荀子』

図1は、宋本『荀子』の冒頭部です。中国では、唐代の終わり頃に木版印刷の技術が発明され、それが宋代に確立しました。そのテキストを宋本または宋版といいます。美麗な書体。文字は肉太でやや右上がりの美麗な書体。大きい字は本文で、その間に二行に分けて小さく記してあるのが、唐の楊倞の注です。

図2は、王先謙『荀子集解』の冒頭部です。同じく大字が本文で、小さい文字が注です。そこではまず楊倞の注を掲げた後、王先謙の長い注釈が見られます。他の学者の説も引用しながら、自説を加えています。いかに詳細な解説だったかが分かるでしょう。

図3は、現代中国で刊行されている『荀子集解』です。図1と図2は版本ですから句読点はありませんが、この本では、現代中国式の句読点を入れ、固有名詞に傍線を引き、会話文を「」でくくるなど、読みやすくするための工夫が施されています。

図4は、現代中国でごく普通にみられる本の組み方です。横書きで簡体字が使われています。中国では、毛沢東の時代に漢字の簡略化政策が進められ、現在も、一部の研究書や専門書以外は、このような横組簡体字で刊行されるのが普通です。古く正しい字体を、この簡体字に対して繁体字（正字体）と呼んでいます。

ここでも、『荀子』冒頭の勧学篇の「勧」字を「劝」と表記しています。このように、簡体字は正字体をかなり簡略化する場合がありますから、それに慣れてしまうと、古い字体で書かれた古典が読めなくなるのではと思われてしまいます。

なお、今でも繁体字を使っているのは、香港と台湾です。「勧学」も、正字体で「勸學」と記されます。

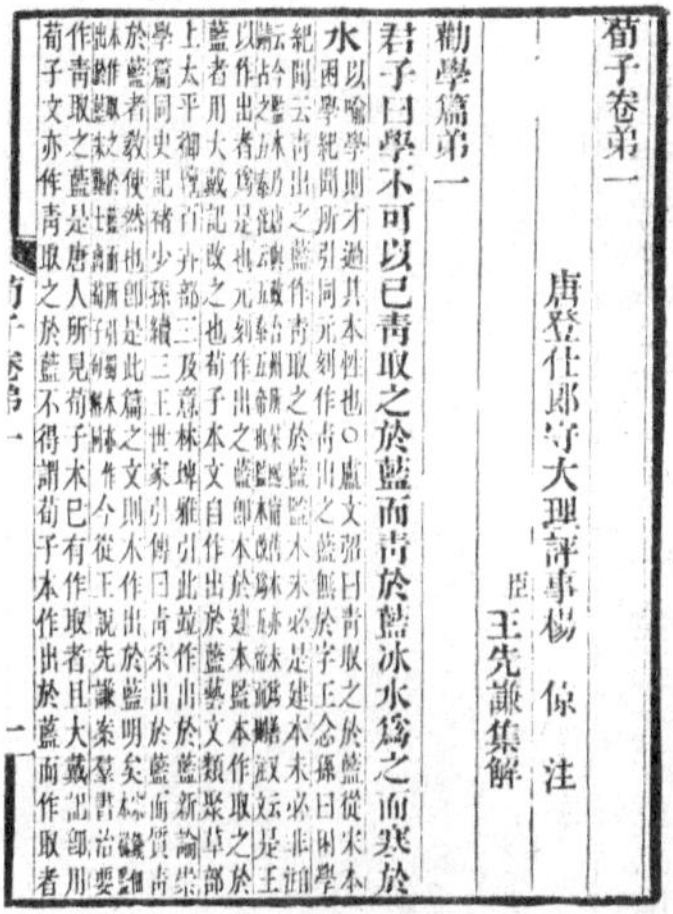

荀子卷第一

唐登仕郎守大理評事楊倞注

王先謙集解

勸學篇第一

君子曰學不可以已青取之於藍而青於藍冰水爲之而寒於水

荀子文亦作青取之於藍不得謂荀子本作出於藍而作取者

図2　王先謙『荀子集解』

一方、日本に伝来した儒教（朱子学）の中では、荀子は、経書（儒家の経典）ではなく、あくまで諸子（その他の思想家）の扱いでした。しかし、

荀子卷第一

勸學篇第一

君子曰：學不可以已。青，取之於藍而青於藍；冰，水爲之而寒於水。以喻學則才過其本性也。○盧文弨曰：「青取之於藍」，從宋本，困學紀聞所引同。元刻作「青出之藍」，無「於」字。　王念孫曰：困學紀聞云：「『青出之藍』作『青取之於藍』，監本未必是，建本未必非。」(自注云：「今監本乃唐與政台州所栞熙寧舊本，亦未爲善。」又云：「請占之五泰注云：『五泰，五帝也。』監本改爲『五帝』而删注文。」)是王以作「出」者爲是也。元刻作「出之藍」，卽本於建本，監本作「取之於藍」者，用大戴記改之也。荀子本文自作「出於藍」，藝文類聚草部上、太平御覽百卉部三及意林、埤雅引此竝作「出於藍」，新論崇學篇同。史記褚少孫續三王世家引傳曰「青采出於藍而質青於藍者，教使然也」，卽是此篇之文，則本作「出於藍」明矣。(宋錢佃本從監本作「取之於藍」，而所引蜀本亦作「出於藍」，宋龔士卨荀子句解同。)今從王說。　先謙案：羣書治要作「青取之藍」，是唐人所見荀子本已有作「取」者。且大戴記卽用荀子文，亦作「青取之於藍」，不得謂荀子本作「出於藍」，而作「取」者爲非也。宋建、監本岐出，亦緣所承各異，故王氏應麟無以定

卷一　勸學篇第一　一

図3　現代版『荀子集解』（中華書局）

江戸時代の学者の中には、朱子学を批判する立場から、むしろ荀子こそ本来の儒家の思想を伝えていると評価する人もいました。荻生徂徠（一六六六～一七二八）の著した『読荀子』はその代表です。

では、『荀子』はどのような篇によって構成されているのでしょうか。参考までに、『荀子』全三十二章の篇名を一覧にしてみましょう。丸数字は篇の番号です。

①勧学、②脩身、③不苟、④栄辱、⑤非相、⑥非十二子、⑦仲尼、⑧儒效、⑨王制、⑩富国、⑪王覇、⑫君道、⑬臣道、⑭致士、⑮議兵、⑯彊国、⑰天論、⑱正論、⑲礼論、⑳楽論、㉑解蔽、㉒正名、㉓性悪、㉔君子、㉕成相、㉖賦、㉗大略、㉘宥坐、㉙子道、㉚法行、㉛哀公、㉜堯問

これらの篇名をご覧になって、どのような印象を持たれるでしょうか。『論語』や『孟子』と違い、各篇の主題がかなりはっきりしていることが分かるでしょう。

第一篇の「勧学（かんがく）」は文字通り、学問を奨励する内容です。第二篇の「脩身（しゅうしん）」も身を修める方法と意義について説くものです。第六篇の「非十二子（ひじゅうにし）」は、当時の有名な思想家十二人を厳しく批判するもの。第十篇の「富国（ふこく）」は、国を富ます政策について述べたもの。第十二の「君道（くんどう）」は理想の君主について説くもの。第十五の「議兵（ぎへい）」は、兵（軍事）について説きつつ「徳」を根本とした政治を主張するもの。第二十三の「性悪」は有名な性悪説を論じたもの——といった具合です。

本書では、第一部「『荀子』の名言を読む」で、これらの中から主要な篇の言葉を取り上げて、分かりやすく解説してみます。また、第二部「『荀子』の思想に学ぶ」で

一　劝　学

君子曰：学不可以已①。青，取之于蓝，而青于蓝；冰，水为之，而寒于水。木直中绳②，輮③以为轮，其曲中规，虽有槁暴④不复挺者，輮使之然也。故木受绳则直，金就砺⑤则利，君子博学而日参省⑥乎己，则知⑦明而行无过矣。

①已，停止。②木材挺直，合于木工的墨线。中(仲 zhòng)，合于。③輮，通"揉"，使弯曲。④槁暴(pù)，枯干。暴，晒。⑤砺，磨刀石。⑥参省，检验考察。⑦知，同"智"。

故不登高山，不知天之高也；不临深溪，不知地之厚也；不闻先王之遗言，不知学问之大也。干越、夷貉之子①，生而同声，长而异俗，教使之然也。诗曰："嗟尔君子，无恒安息②。靖共尔位，好是正直③。神之听之④，介尔景福⑤。"⑥神莫大于化道，福莫长于无祸。

①干越，皆国名，在今江苏、浙江一带；夷貉，当时居住在东方和北方的少数民族。子，人。②[illegible]不要常想安逸。③这两句是说：安于你的职位，好使人归于正直。靖，安。共，通"供"。④神，治理。听，听政。⑤介，助。景福，

· 1 ·

図4　現代中国の『荀子』（上海人民出版社）

は、「性善説と性悪説」「礼と法はどう違うか」「荀子から韓非子へ、そして始皇帝へ」などの章に分け、改めて荀子の思想の特色と意義について考えてみましょう。

目次

三、不遇とどう向き合うか

第二部　『荀子』の思想に学ぶ

第一部　『荀子』の名言を読む

『荀子』全篇の中から名言を取り上げ、テーマごとに再編して解説してみましょう。

基準となるテキスト（底本）としたのは、王先謙『荀子集解』（中華書局・新編諸子集成）です。この本は、多くのテキストを突き合わせて『荀子』の本文を確定するとともに、詳細で的確な注釈を付けています。本書でも、この本に基づいて解説してみましょう。但し、諸説を参考にして文字を改めた箇所があります。

なお、書き下し文や現代語訳を作成する際、多くの注釈書・訳書も参考にしました。それらは巻末にまとめて紹介しましたので、そちらをご覧下さい。

一、人間の可能性を信ずる

荀子が礼治を説いた背景には、人間に対する独特のまなざしがありました。それは性悪説と呼ばれます。ただ、それはしばしば誤解されることもあるようです。荀子の考えた性悪説の真相に迫ってみましょう。

(1) 人は学ぶことで成長する

出藍の誉れ

『荀子』全篇の冒頭は次のような言葉で始まります。有名な「出藍の誉れ」のもととなった一節です。

青は藍より出でて藍より青し

君子はいう、「勉強は中途でやめてはならない。青色は藍草から取るが藍よりも青くなり、氷は水からできるのだが水より冷たくなる」。
（『荀子』勧学篇）

君子曰く、「学は以て已むべからず。青は、之を藍より取りて、藍よりも青く、氷は、水之を為して、水よりも寒し」。

君子曰、「学不レ可ニ以已一。青、取ニ之於藍一、而青ニ於藍一、氷、水為レ之、而寒ニ於水一」。

▽成語「青は之を藍より取りて藍より青し」の出典です。今は略して「青は藍より出でて藍より青し」や「出藍」として通用しています。いずれにしても、これは学問の持つ豊かな可能性を説くものでしょう。荀子は、勉強には継続が大切だと説きます。しっかり続けていけば、その師（先生）を超えることもできるというのです。その比喩として、

染色の青と原材料の藍との関係が説かれているわけです。

人間は学問によって成長するものだという思想です。ここには人間に対する強い信頼があると言えましょう。

なお、この本文に「出藍」という漢字のまとまりはありません。また、「青は之を藍より取りて」となっています。ところが、今は「出藍」と言われたり、「青は藍より出でて」と表現されます。『荀子』の本文と成語との間に違いがあるのです。それはなぜでしょうか。大変興味深い謎なのですが、本論からはややはずれますので、この問題については、この章の末尾のコラム「故事成語の誕生」で少し考えてみましょう。

環境が大切

人間の成長に学問は欠かせません。ただ、人は一人で生きていくわけではないのです。自身をとりまく環境も大切です。

郷を選び士に就く

君子は住むときには必ず土地を選び、交遊するときには必ず立派な人物につくようにする。それは、邪悪なものを防ぎ、中庸で適正なものに近づいていくためである。

（『荀子』勧学篇）

君子は居るに必ず郷を択び、遊ぶに必ず士に就くは、邪辟を防ぎて中正に近づく所以なり。

君子居必択㆑郷、遊必就㆑士、所㆘以防㆓邪辟㆒而近㆗中正㆖也。

▽環境の大切さを説く一文です。環境が人を変えるといってもいいでしょう。どこに住むか、誰と交わるか、それに留意しようというのです。「士」とは、諸子百家の時代に注目されるようになった知識人のことをいいます。もちろん道徳的にもすぐれている人のことです。そのような人は当時の身分制度の上では上位の為政者の立場になることが多く、貴族を表す「大夫」と一緒にして「士大夫」と呼ばれることもありました。

なお、この一節は、ある有名な建物の名前となりました。東京の靖国神社を参拝されたことがあるでしょうか。その宝物館を「遊就館（ゆうしゅうかん）」といいます。その名は、この『荀子』の言葉「遊ぶに必ず士に就く」にちなんでいます。

学は誦経に始まる

では、『荀子』が奨励する学問は、どのような段階を追って進めるべきなのでしょうか。

> **段階を追って学ぶ**
>
> 学問はどのようにして始め、どのようにして終わるのか。その段階は、古典の音読に始まり、礼を読み理解することに終わる。また、その目標は、士となるに始まり、聖人（せいじん）の域に達して終わるのである。
>
> （『荀子』勧学篇）

学は悪くにか始まり、悪くにか終わる。曰く、其の数は則ち誦経に始まり、読礼に終わる。其の義は則ち士為るに始まり、聖人為るに終わる。

学悪乎始、悪乎終。曰、其数則始乎誦経、終乎読礼。其義則始乎為士、終乎為聖人。

▽学問の段階と目標について説いています。現在の高等教育ではあまり見られなくなりましたが、まずは音読です。声を上げて古典を読み、心に刻みつけていくのです。そして最後は、礼を理解し、生活の中で実践していくようにと説いています。教養を持つ「士」となることが最初の目標で、究極的には、完璧な道徳性を備えた「聖人」を目指せと述べています。

師について学ぶ

それにはまず、先生について学ぶことが大切です。自分勝手な勉強をしていては、成長は望めません。

独学ではなく師に従う

学問をするには、これぞという人について学ぶより良い方法はない。なぜなら、礼・楽は大綱を示してあるだけで詳細の説明はなく、詩・書は古代のことは記してあっても現代社会にとっては切実ではなく、春秋は記述が簡約でそのままでは分かりにくい。だからまずはこれぞという人に従い、君子の教えを習ったなら、それによって尊ばれるような人になり、名声も世に聞こえるようになるであろう。だから言うのである、「学問はこれぞという人について学ぶより良い方法はない」と。

（『荀子』勧学篇）

学は其の人に近づくより便なるは莫し。礼楽は法にして説かず、詩書は故にして切ならず、春秋は約にして速ならず。其の人に方いて、

学莫㆑便㆔乎近㆓其人㆒。礼楽法而不㆑説、詩書故而不㆑切、春秋約而不㆑速。方㆓其人㆒、之習㆓

君子の説を習わば、則ち尊にして以て世に遍周す。故に曰く、「学は其の人に近づくより便なるは莫し」。

君子之説、則尊以遍二周於世一矣。故曰、「学莫レ便三乎近二其人一」。

▽ここで言われる「礼楽」「詩書」「春秋」は儒家の重んじた経典です。「礼」は言うまでもなく礼制を記した書。『周礼』『儀礼』『礼記』がありました。『周礼』は、周代の理想的な官制を記したとされるもの、『儀礼』は、貴族階級の冠婚葬祭など様々な礼の規定を記したもの、『礼記』は、儒家の礼に関する学説をまとめたもので、これらを「三礼」と呼びます。

「楽」は音楽の書。おそらく何らかの音符が記されてあったと思われますが、残念ながら現存しません。

「詩」は後の『詩経』。諸国の詩三千篇を孔子が三百にまとめたと伝えられています。

「書」は後の『書経』(『尚書』)。古代聖王の言葉や事績を記したもので、為政者の規範とされました。

「春秋」は後の『春秋』経。孔子の故郷魯の年代記ですが、そこに孔子が手を加え、そのわずかな書きぶりの違いに孔子の大きな意図が込められているとして尊重されました。それを解説するのが「伝」で、『春秋左氏伝』『公羊伝』『穀梁伝』の三つがあります。

かつてはこれらに『易経』をあわせて「六経」と呼び、「楽」経がなくなってからは「五経」のまとまりとして伝えられていきました。

いずれにしても、これらは独学で読むにはとても難しい古典です。初学者は、しかるべき先生について学ぶのが良いのです。この初期段階を誤ると、大いにねじけた学問になってしまうでしょう。

中途で止めず完全に学ぶ

そして、これぞという先生を得たら、その人に付き従って、最後まで習得することが大切です。決して中途で投げ出してはなりません。荀子の説く「弓」と「御者」のたとえを見てみましょう。

最後までやり遂げる

弓を百発放って一つ的を外せば、弓の名人とは言われない。千里の道を馬で行き、半歩手前で止まってしまえば、よい御者とは言われない。（『荀子』勧学篇）

百発も一を失すれば、善射と謂うに足らず。千里も蹞歩にして至らざれば、善御と謂うに足らず。

百発失レ一、不レ足レ謂二善射一。千里蹞歩不レ至、不レ足レ謂二善御一。

▽どんなに優れた弓の名人でも、最後の一発をはずせば、完璧だとは言われません。馬車を操り千里の道を走ってきた御者も、あと半歩のところで止まってしまえば、完走したとは言えないのです。学問も同じ。少しかじって休んだり、他のことに気を取られたりして全うできないのであれば、良い勉強とは言えないでしょう。やり遂げることが大

切だと荀子は説くのです。

現実的な目標に向かう

ただ、そのためには到達可能な目標を掲げることが重要でしょう。

無限を追求してはならない

> あの駿馬（しゅんめ）は一日に千里を駆（か）けると言われているが、駑馬（どば）でも十日かけて進めば到達できるだろう。もし無窮を極め無限を求めようとしたらどうなるか。それは骨を折り筋を切って歩き続けても、一生涯かかっても到達できないだろう。もし途中で止まり休む所が決めてあれば、千里の道のりは遠いと言っても、遅いか速いか、先か後かの差はありながら、どうして到達できないことがあろうか。
>
> （『荀子』修身篇）

夫の驥は一日にして千里なるも、駑馬も十駕すれば、則ち亦た之に及ぶ。将に以て無窮を窮め、無極を逐わんとするか。其れ骨を折り筋を絶つも、終身以て相及ぶべからざるなり。将に之に止まる所有らんとすれば、則ち千里遠しと雖も、亦た或いは遅く、或いは速く、或いは先に、或いは後に、胡為れぞ其れ以て相及ぶべからざらんや。

夫驥一日而千里、駑馬十駕、則亦及㆑之矣。将㆘以窮㆓無窮㆒、逐㆗無極㆖与。其折㆑骨絶㆑筋、終身不㆑可㆓以相及㆒也。将㆑有㆑所㆑止㆑之、則千里雖㆑遠、亦或遅、或速、或先、或後、胡為乎其不㆑可㆓以相及㆒也。

▽千里の道も一歩から。段階を追って少しずつ進むことが大切です。今日一日、あるいはこの一月の具体的な目標があるからこそ、前に進むことができるのです。いきなり無限を求めても、それはかなわぬ夢となってしまいます。

努力がすべて

こうした段階的目標を少しずつ登っていくためには、努力が必要です。誰かに助けてもらうのではなく、自分自身がやるかどうかなのです。

自分で歩き至る

たとえ道は近くても、自分で歩いて行かなければたどり着けない。いかに小さな事でも、自分でやらなければ完成しない。性格が怠惰な人は、何をしても遠大な結果は得られない。（『荀子』脩身篇）

道は邇しと雖も、行かざれば至らず。事は小なりと雖も、為さざれば成らず。其の人と為りや、暇日多き者は、其の出入遠からず。

道雖レ邇、不レ行不レ至。事雖レ小、不レ為不レ成。其為レ人也、多二暇日一者、其出入不レ遠矣。

▽師の指導を仰ぎ、先輩の助力を得るのはよいことです。しかしやり遂げるかどうかは

自分にかかっています。段階を追って少しずつ目標に迫り、自分の力で成し遂げることが大切なのです。

（2）人を感化する方法

三年で終わる

それはまた、政治や仕事の世界でも同じでしょう。適切な段階が必要となります。

人を導くプロセスとは

事業に臨んで民衆に接する場合は、適宜変化に対応し、寛大にして多く受け入れ、まじめに慎んで率先するのが、政治の第一歩である。その後、中正に判断してそれを助けていくのが、政治の核心である。さらにその後、進めたり退けたり、賞罰を行ったりするのは、政治の完成である。このように、一年目には寛大に政治

を始め、三年目になって政治を完成させるのである。　（『荀子』致士篇）

事に臨み民に接して、義を以て変応し、寛裕にして多く容れ、恭敬以て之に先だつは、政の始めなり。然る後に中和察断して以て之を輔くるは、政の隆なり。然る後に之を進退誅賞するは、政の終わりなり。故に一年之を与て始め、三年之を与て終わる。

臨レ事接レ民、而以レ義変応、寛裕而多容、恭敬以先レ之、政之始也。然後中和察断以輔レ之、政之隆也。然後進二退‐誅‐賞之一、政之終也。故一年与レ之始、三年与レ之終。

▽三年計画の政策です。はじめからすべてうまくいくとは限りません。まずは、民衆の側に寄り添い、柔軟に、寛大に接するところから始めよと言います。あせってはいけません。三年目での完成を目指すのです。

差等・分別は必要

このように荀子は、段階を追って人は成長し、政治もプロセスを経て完成に近づいていくと考えました。可能性を信じていたからです。

しかし、すべての人は平等で、同時に目標に達するなどとは言いません。そこにはおのずから区別があると考えていました。

しかるべき区別を守る

> 人は生まれながらに集団でいないわけにはいかず、集団でいて分別（しかるべき差等・区別）がなければ争いが起こり、争えば乱れ、乱れれば困窮する。だから分別がないということは、人の大いなる害であり、分別があるのは、天下の根本的な利益である。そして人君たる者は、この分別を管理する要なのである。
>
> （『荀子』富国篇）

人の生や群すること無き能わず、群して分無ければ則ち争い、争えば則ち乱れ、乱るれば則ち窮す。故に分無き者は、人の大害なり。分有る者は、天下の本利なり。而して人君なる者は、分を管する所以の枢要なり。

人之生不レ能レ無レ群、群而無レ分則争、争則乱、乱則窮矣。故無レ分者、人之大害也。有レ分者、天下之本利也。而人君者、所コ以管レ分之枢要也。

▽礼を重視した荀子としては当然のことでしょう。礼とは、ある意味で差別を明確にする装置です。先生に対する礼、同輩に対する礼、部下に対する礼は、それぞれ異なります。いかに道徳が大切だとは言っても、無差別平等という夢のようなことを荀子は説かないのでした。しかるべき分別があることこそ天下の利であり、君主とは、その分別を適切に管理する主体だと説くのです。

賞罰頼みでは人は動かない

しかし、その差別は、決して賞罰によって強制的に設けられるものではありません。

あくまで人の心を尊重することが大切です。

人を必死にさせるには

およそ人が行動を起こす際に、ご褒美目当てでするのであれば、もし損害・傷害の可能性があればやめてしまう。だから、賞与、刑罰や脅しでは、人の力を尽くさせ、人を必死にさせるには不十分なのである。（『荀子』議兵篇）

凡そ人の動くや、賞慶の為に之を為せば、則し害傷を見れば焉ち止む。故に賞慶、刑罰、勢詐は、以て人の力を尽くし、人の死を致すに足らず。

凡人之動也、為二賞慶一為レ之、則見二害傷一焉止矣。故賞慶、刑罰、勢詐、不レ足下以尽二人之力一、致中人之死上。

▽荀子が説くのは、人の道徳性に期待する「礼治」です。賞罰によって強制する「法治」ではありません。人が力を尽くし、必死の覚悟で働くのは、みずからの心に問いかけてそれでよいと思うからです。だから、人の心を無視した強権的な政治では、決して人を動かすことはできないと荀子は言うのです。

音楽の効用

それでは、人の心をどのように感化し、調整していけば良いのでしょうか。その一つとして荀子があげるもの。それは、意外にも音楽でした。

楽は楽なり

そもそも音楽というものは、楽しいものである。人間の心情として当然のことである。だから人は楽しむということなしにはいられず、楽しめばそれが声となって発せられ、行動となって現れる。そして人の正しい道は、この声と行動に現れ

るのであり、生きているときの行為は、この二つに尽きるのである。（『荀子』楽論篇）

夫れ楽なる者は、楽なり。人情の必ず免れざる所なり。故に人は楽しむこと無き能わず、楽しめば則ち必ず声音に発し、動静に形わる。而して人の道は、声音動静にして、性術の変は是れに尽く。

夫楽者、楽也。人情之所二必不一レ免也。故人不レ能レ無レ楽、楽則必発二於声音一、形二於動静一。而人之道、声音動静、性術之変尽レ是矣。

▽音楽の本質を、荀子は「楽しむこと」だと述べています。楽は楽なのです。楽しいという心情が自然に声となり、また行動となって現れます。正しい言葉と行動は、楽という心から発するのです。

音楽による感化

だから、正しい音楽によって正しく心を整えることが大切です。

音楽が人の心を整える

そもそも音楽が人の心に染み入ることは深く、人の心を感化するのも速い。だから先王は謹(つつし)んで音楽に飾りを施したのである。音楽が中正であれば、民は和合して堕落せず、音楽が厳粛であると、民は整って乱れない。民がなごやかで整っていれば、軍隊は強く、城は固く、敵国もあえて近づいてこない。このようであれば、民衆はそれぞれの立場に安んじ、その郷里を楽しみ、その君主の政治に満足しない者はいない。このようにしてはじめて名声は世に現れ、輝きは盛んになり、天下の民は、そのような人を師として慕うであろう。これが王者の政治の始まりである。

（『荀子』楽論篇）

夫れ声楽の人に入るや深く、其の人を化するや速かなり。故に先王謹しみて之が文を為す。楽中平なれば則ち民和して流せず、楽粛荘なれば則ち民斉にして乱れず。民和斉なれば則ち兵勁く城固く、敵国敢て嬰れざるなり。是くの如くなれば、則ち百姓其の処に安んじ、其の郷を楽しみて、以て其の上に至足せざること莫し。然る後名声是に於て白れ、光輝是に於て大んに、四海の民、得て以て師と為すことを願わざるは莫し。是れ王者の始めなり。

夫声楽之入レ人也深、其化レ人也速。故先王謹為二之文一。楽中平則民和而不レ流、楽粛荘則民斉而不レ乱。民和斉則兵勁城固、敵国不二敢嬰一也。如レ是、則百姓莫レ不下安二其処一、楽二其郷一、以至中足其上上矣。然後名声於レ是白、光輝於レ是大、四海之民、莫レ不レ願二得以為レ師。是王者之始也。

▽音楽は今でこそ、芸術や娯楽として受け止められているかもしれません。しかし、儒教の経典にかつて「楽」があったことから分かるように、それは、人々を教化する大切

「三月肉の味を知らず」(『聖蹟図』)

な手段でした。難解な文字や文章が理解できなくても、良い音楽は心に染み入ってきます。当時は国ごとに文字は異なっていましたが、音楽はそうした言語の違いを飛び越えて人の心に響いてきます。それは、現代でも同じです。

墨子への批判

なお、この一節には、墨家(ぼっか)に対する批判が見て取れます。諸子百家の一学派であった墨家は「非楽(ひがく)」という思想を説きました。音楽を否定するのです。それはなぜでしょうか。

確かに音楽は人の心を打ちます。しかし、これが過度になるとどうでしょうか。かえって心を乱す元になりはしないでしょうか。春秋時代の鄭(てい)や衛(えい)の国の音楽は淫(みだ)らな音楽として有名だったそうです。また、為政者が金に任せて壮大な音楽環境を作ればどうなるでしょう。音楽は、施設や楽器、また舞踏や酒食と切り離せません。君主が国費を使ってオーケストラを雇い、日々、贅沢な宴会を催せば、経済は破綻してしまいます。そうした点を危ぶんで墨家は「非楽」を説いたのです。

しかし、荀子はやはり、音楽の効用を重視しました。妙なる調べは、時に楽しく、時に哀しく、人の心に染みてきます。そこに説明はいりません。誰が聴いても一定の感動が湧き起こります。感受性が強ければなおさらでしょう。清く正しく生きていこうという感情が醸成されます。適切な礼と楽、この二つはセットとなって、人間を感化すると荀子は考えたのです。

かつて孔子も、斉の国に留学し、そこではじめて古代音楽「韶」（舜の時代に由来する典雅な曲）を聴き、食事の味がわからなくなるほど感動したと伝えられています。

子、斉に在りて韶を聞く。三月、肉の味を知らず。曰く、「図らざりき、楽を為すの斯に至らんとは」。

（『論語』述而篇）

いわゆる「三月肉の味を知らず」の出典です。こうした音楽観は、荀子にも受け継がれました。

（3）性悪説とは何か

人の性は悪

このように、荀子は、礼楽や学問という手段を使って人を正すことができると考えました。その前提として、人は必ず正しい存在になれる、という人間に対する信頼があるでしょう。

では、かの有名な「性悪説」は、こうした人間観に反するものなのでしょうか。そこで、荀子の説いた性悪説をよく見てみましょう。

努力によって善に向かう

人の性は悪であり、その善は作為を加えた結果である。今、人の本性として利を好むということがあり、これにそのまま従ってしまうと争いや奪いあいが生じて、譲るということがなくなってしまう。また、本来的に妬んだり憎んだりするもので、これにそのまま従ってしまうと、他者を傷つけることになり、誠の心が失われてしまう。また、本来的に五官から入ってくる欲望があり、美声美色を好む情念があり、これにそのまま従ってしまうと、淫らな行いが生じて、礼儀と条理がなくなってしまう。このように、人の本性に従い、人の情に応じていくと、必ず争いごとが発生し、分限を犯し条理を乱し、混乱状態に至ってしまう。だから、師法の教化や礼儀の道があってこそ、はじめて譲り合いの気持ちが生じ、条理にかない、正しい政治に至るのである。このように考えてみれば、人の性が悪であることは明白である。その善であるのは、作為を加えた結果なのである。

（『荀子』性悪篇）

人の性は悪、其の善なる者は偽なり。今人の性、生まれながらにして利を好むこと有り、是れに順う、故に争奪生じて辞譲亡ぶ。生まれながらにして疾悪すること有り、是れに順う、故に残賊生じて忠信亡ぶ。生まれながらにして耳目の欲有り、声色を好むこと有り、是れに順う、故に淫乱生じて礼義文理亡ぶ。然れば則ち人の性に従い、人の情に順えば、必ず争奪に出で、犯分乱理に合して、暴に帰す。故に必ず将た師法の化、礼義の道有りて、

人之性悪、其善者偽也。今人之性、生而有レ好レ利焉、順レ是、故争奪生而辞譲亡焉。生而有二疾悪一焉、順レ是、故残賊生而忠信亡焉。生而有二耳目之欲一、有レ好二声色一焉、順レ是、故淫乱生而礼義文理亡焉。然則従二人之性一、順二人之情一、必出二於争奪一、合二於犯分乱理一、而帰二於暴一。故必将有二師

然る後に辞譲に出で、文理に合して、治に帰す。此を用て之を観れば、然れば則ち人の性の悪なること明らかなり。其の善なる者は偽なり。

法之化、礼義之道㆒、然後出㆓於辞譲㆒、合㆓於文理㆒、而帰㆓於治㆒。用㆑此観㆑之、然則人之性悪明矣。其善者偽也。

▽これが「性悪説」の論理です。冒頭に「人の性は悪」と明言しています。ここをとらえて、荀子の人間観は「性悪説」だと言われるのです。ところが、それに続く文章をよく読んでみると、はたして「性悪説」と言ってよいのかどうか、やや疑問に思われてきます。なぜなら、人は「偽」によって「善」になれると断言しているからです。「偽」とは、「人（にんべん）＋為」、すなわち人間の作為、努力を意味します。「にせもの」という意味ではありません。確かに、人間はそのままでは様々な欲望や情念にとらわれて、悪い方向に行ってしまうこともあるでしょう。しかし、学問や礼儀や音楽で感化し、きちんと矯正すれば、善なる存在になるというのです。大切なのは、その教化の手段とプロセスなのです。

礼儀は聖人が作ったもの
その手段の一つとして作り出されたものが礼儀に他なりません。

必要があるから礼儀は作られた

ある人が質問した。「(もしあなたが言うように)人の性が悪であるなら、礼儀はどうしてできるのだ」と。これに答えて言う。「およそ礼儀というものは、聖人の作為によってできたもので、本来の人の性から生じたものではない。だからたとえば、陶工(とうこう)は土をこねて器物を作る。であれば、器物は陶工の作為によってできたもので、本来の人の性から生じたものではない。またたとえば、職人は木を削って器物を作る。であれば、器物は職人の作為によってできたもので、本来の人の性から生じたものではない。聖人は思慮を積み重ね、作為を繰り返し、それによって礼儀を作り法度を起こすのである。であれば、礼儀法度というものは、聖人の作為によってできたもので、本来の人の性から生じたものではない」。（『荀子』性悪篇）

問う者曰く、「人の性悪ならば、則ち礼義悪くにか生ず」。之に応じて曰く、「凡そ礼義なる者は、是れ聖人の偽に生じ、故より人の性に生ずるに非ざるなり。故に陶人は埴を埏ちて器を為す。然れば則ち器は陶人の偽に生じ、故より人の性に生ずるに非ざるなり。故に工人は木を斲りて器を成す。然れば則ち器は工人の偽に生じ、故より人の性に生ずるに非ざるなり。聖人は思慮を積み、偽故を習い、以

問者曰、「人之性悪、則礼義悪生」。応レ之曰、凡礼義者、是生二於聖人之偽一、非三故生二於人之性一也。故陶人埏レ埴而為レ器。然則器生二於陶人之偽一、非三故生二於人之性一也。故工人斲レ木而成レ器。然則器生二於工人之偽一、非三故生二於人之性一也。聖人積二思慮一、習二

て礼義を生じて法度を起こす。然れば則ち礼義法度なる者は、是れ聖人の偽に生じ、故より人の性に生ずるに非ざるなり」。

偽故、以生礼義而起法度。然則礼義法度者、是生於聖人之偽、非故生於人之性也」。

▽礼儀とは自然に湧き出たものではなく、人を整えるために聖人が思慮を重ねて作り上げたものだと説きます。それはちょうど、陶工が土をこねて立派な器を作るのと同じです。何もせずに器ができるのではありません。すぐれた陶工の手によって整えられていくのです。人の性も同じです。礼儀によって善に向かっていくわけです。

性悪説の真相

とすれば、これは本当に「性悪説」なのでしょうか。この言葉自体から、つい連想してしまうのは、人間に根源的な絶対悪が内在するという暗い思想です。一神教の世界では、神に対峙するものとして悪が想定されています。光り輝く善なる神と世界を乱す邪悪な闇とは厳しい対立関係にあります。両者は決して相容れることはないでしょう。

しかし、荀子が説くのはそうした悪ではありません。せいぜい「良くない性質」というほどの意味です。その「良くない性質」は学問や礼儀の力で「善」に向かっていけるのです。だから人は誰でもあの聖人禹にもなれると言います。

誰でも聖人の境地に至れる

およそ聖王の禹が（夏王朝の創始者として）禹となった理由は、仁義や法度を実践できたからだ。だとすれば、仁義や法度には、それを知り実行できる道理が備わっていたのだ。しかも、普通の人にも、仁義や法度を知ることのできる素質があり、仁義や法度を実践できる働きが備わっている。従って、どんな人でも禹のような立派な人になれることは明らかである。

（『荀子』性悪篇）

凡そ禹の禹為る所以の者は、其の仁義法正を為すを以てなり。然れば則ち仁義法正、知るべく能くすべきの理有り。然り而して塗の人や、皆以て仁義法正を知るべきの質有り、皆以て仁義法正を能くすべきの具有り。然れば則ち其の以て禹と為るべきこと明らかなり。

凡禹之所㆓以為㆒㆑禹者、以㆔其為㆓仁義法正㆒也。然則仁義法正、有㆓可㆑知可㆑能之理㆒。然而塗之人也、皆有㆘可㆔以知㆓仁義法正㆒之質㆖、皆有㆘可㆔以能㆓仁義法正㆒之具㆖。然則其可㆓以為㆒㆑禹明矣。

▽禹とは、夏王朝の創始者として知られる聖王です。それまで氾濫を繰り返していた黄河の治水事業に成功し、中国の大地を今のように安定させた聖人として高く評価されます。古来、中国の聖人の系譜は、「堯―舜―禹―湯―文武」と呼ばれてきました。堯・舜は実在が証明されていない伝説上の聖王ですが、禹から後は各王朝の創始者とされます。禹が夏王朝、湯王が殷王朝、文王・武王が周王朝です。

王朝			夏	殷	周
聖王	堯	舜	禹	湯王	文王・武王

いずれも偉大な人物で、特に禹は孔子も絶賛する聖王です。そして荀子は、仁義や法度に従えば、誰でも、この禹の境地に至れると言うのです。荀子の人間観の積極性が理解されましょう。

一方、この性悪説と対照されるのが、孟子の性善説です。孟子は、すべての人間に四つの端緒（完成に至るための糸口）が生まれつき備わっていると説きました。これを「四端」と言います。

孟子は、その四つの端緒によって、人はおのずから仁義礼智の道徳的境地に到達できると説きました。

惻隠の心（いたわる）→仁

羞悪の心（不善を恥じ悪を憎む）→義

孟子卷第一　趙氏注

梁惠王章句上　梁惠王者魏惠王也魏國名惠謚也王號也時天下有七王皆僭號者也猶春秋之時吳楚之君稱王也魏惠王居於大梁故號曰梁王聖人及大賢有道德者王公侯伯及卿大夫咸願以爲師孔子時諸侯問疑質禮若弟子之問師也魯衛之君皆尊事焉故論語或以弟子名篇而有衛靈公季氏之篇孟子亦以大儒爲諸侯所師是以梁惠王滕文公題篇與公孫丑等爲一例也

孟子見梁惠王　孟子適梁魏惠王禮請孟子見之　王曰叟不遠千里而來亦將有以利吾國乎　曰辭也叟長老之稱也猶父也孟子去齊老而之魏故王尊禮之曰父不遠千里之路而來至此亦將有可以爲寡人興利除害也

孟子對曰王何必曰利亦有仁義而已矣　孟子知王欲以富國彊兵爲利故曰王何必以利爲名乎亦惟有仁義之道者可以爲名以利爲名則有不利之患矣因爲王陳之　王曰何以利吾國大夫曰何以利吾家士庶人曰何以利吾身上下交征利而國危矣　征取也從王至庶人故言上下交爭各欲利其身必至於篡弒則國危亡矣論語曰放於利而行多怨故不欲使王以利爲名也又言交爲俱也　萬乘之國弒其君者必千乘之家　萬乘兵車萬乘謂天子也千乘兵車千乘謂諸侯也夷羿之弒夏后是以千乘取萬乘也　千乘之國弒其君者必百乘

『孟子』冒頭部

辞譲（じじょう）の心（へりくだり譲る）→礼
是非（ぜひ）の心（善悪を判別する）→智

これに比べると、荀子の説では、決して「おのずから」とは言いません。荀子は、その「おのずから」という点をとらえて、孟子の性善説は間違っていると批判するのです。学問や礼儀という外側からの規制が必要だと言うのです。しかしそれでも、最終的には「善」に至ると考えている点では、孟子と荀子にそれほどの違いはありません。

一神教ではない東洋の世界では、そもそも善と悪との究極的対立という発想自体が薄いのではないでしょうか。荀子の性悪説も、どこまで行っても変わらぬ「悪」を指摘するのが本意ではありません。「良くない性質」を礼の力で変えていこうと説く点に主眼があるのです。こうした人間観があればこそ、「礼治」の思想も成り立つと言えましょう。

■コラム　故事成語の誕生

大人の教養をはかる尺度の一つに故事成語があります。コミュニケーションの中で適切な故事成語を使えば、教養のある人と見られることでしょう。ただ、その使い方を間違えると墓穴を掘ってしまいます。しっかりとその意味を知って使うことが大切です。

ところで、『荀子』を出典とする故事成語のうち、最も有名なのは「青は藍より出でて藍より青し」でしょう。縮めて「出藍」または「出藍の誉れ」とも言われます。もちろんこれは、『荀子』勧学篇の文章に基づく成語です。

ただ、24頁に記したとおり、その原文は、正確には、「青は之(これ)を藍より取りて、藍よりも青し」です。不思議なことに、「出」という漢字はどこにもありません。また、『荀子』の原文では、この文章が勧学篇にあることからわかるとおり、もともとの意味は、学問を継続することの大切さです。ところが、「出藍」や「出藍の誉れ」では、弟子が先生よりもすぐれるという意味で使われます。つまり、原典と成語との間には、表現や意味に違いが生じているのです。それはなぜでしょうか。

実は、故事成語とは、その原典にそのままの形で記載されていた言葉ではないのです。これは、「五十歩百歩」でも「矛盾」でも同じです。誰かがある時点で、原典の中に故事を「発見」して抽出し、それが後に成語として定着していったのです。

その大きなきっかけとなっていると推測されるのが、「類書（るいしょ）」という書籍群です。類書とは、中国の百科全書。本来は、皇帝が文化的世界の王であることを示すために、ありとあらゆる書籍の中から大切な言葉を集めて分類・配列した本です。類似の性格を持つものに「叢書（そうしょ）」がありますが、叢書は書籍単位でまとめた大部な本であるのに対して、類書は、いったんすべての書籍をバラバラに解体し、その中から主要な文章を項目別に分類して引用したものです。

おおむね、その中身は「天」「地」「人」に大別されていて、さらに細かな項目ごとに配列されています。たとえば、「天」の部の「雨」の項目には、雨に関するたくさんの言葉が多くの古典から採録されているということです。

では、『荀子』の言葉はどうでしょうか。代表的な類書である『芸文類聚（げいもんるいじゅう）』や

太平御覧巻第二
天部二
天部下　渾儀　刻漏
天部下
老子曰天得一以清天無以清將恐裂
又曰域中有四大道大天大地大王亦大
莊子曰天之蒼蒼其正色耶以其遠而至極也
文子曰朴至大者無形狀道至大者無度量故天圓不中
規地方不中矩
又曰天明日明然後能照四方君明臣明然後能正萬物
域中四明故能久
又曰高莫高於天下莫下於澤天高澤下聖人法之
又曰天愛其精地愛其平人愛其情天之精日月星辰雷
御覧二　一
霆風雨也地之平水火金木土也人之情思慮聰明喜怒
也
列子曰杞國有人憂天崩墜身亡所寄廢於寢食又有憂
彼憂者因曉之曰天積氣耳若屈伸呼吸終日在天中行
止奈何憂崩墜乎其人曰果積氣日月星辰不當墜耶曉
者云日月星辰亦積氣之光耀者也長盧子聞而笑曰虹
蜺也雲霧也風雨也四時也此積氣之成乎天者也知積
氣也何以不壞夫天地空中之細物有中之最巨也難窮難
始此固然矣憂其壞者亦為遠大言不壞者亦為未是天
地不得不壞之則會歸於壞時奚為不憂哉列子聞而笑
曰天地壞亦謬矣言不壞亦謬矣壞與不壞吾所不知也
雖然彼一也此一也故生不知死死不知生來不知去去
不知來壞與不壞吾何容心哉

『太平御覧』天部

『太平御覧』『古今図書集成』などでは、この『荀子』の該当箇所は「学」に関する項目に分類されています。もちろん勧学篇の全文が引用されているわけではなく、この青と藍の部分のみが読者に提供されているのです。

そして、類書の中には、引用文の意味をよりわかりやすくするために、見出し語を立てているものがあります。例えば、『古今図書集成』では、「青出藍」（青は藍より出ず）という見出し語を立てています。

このように類書は、その引用文や見出し語によって、読者の「読み」を強く誘導する作用があるといえましょう。類書は大変便利な書物です。いちいち原典を揃えなくても、中国古典の主要な言葉が読めるからです。ただ、その引用文や見出し語が古典本来の表現や意味を変容させる一因にもなっているのです。「青は藍より出でて藍より青し」や「出藍」も、実は、類書を経由することによって誕生した成語だったのです。

なお、こうした故事成語と類書の問題の詳細については、拙著『故事成語の誕生と変容』（角川叢書、二〇一〇年）をご覧いただければ幸いです。「杞憂」「沈魚落雁」「出藍の誉れ」「朝三暮四」「塞翁が馬」などの著名な成語を取り上げて解説しています。

二、礼が守れない者は法も守れない

変革の時代に生きた荀子は、組織や国家や人間というものをどうとらえ、またどのように治めるべきだと考えたのでしょうか。荀子の統治論すなわち「礼治」を探ってみましょう。その主張の背景には論敵の存在も浮かび上がってきます。つまり、荀子がどういう学派や思想を意識して論理を展開しているかということです。その点にも留意してみましょう。

(1) 礼の起源と精神

孔子も説いた礼の重要性

荀子の政治論は「礼治」、すなわち礼によって治める、というものでしたが、孔子もすでに礼の重要性を説いています。

今から二千五百年前、春秋時代の終わり頃に活動した孔子は、礼の大切さを繰り返し説きました。たとえば、有名な「切磋琢磨」の出典となっている『論語』の一節を取り上げてみましょう。

弟子の子貢が言った。「貧しくても諂うことがなく、金持ちでも驕ることがないというのはどうでしょうか」。孔子は言った。「まずまずだね。しかし、貧しくても楽しみ、金持ちでも礼を好む者にはかなわないね」。

（『論語』学而篇）

孔子（『歴代古人像賛』）

富を得て、それでも驕ることがない。さらに、富を得て、なおかつ礼節を好む。こうした人物が高く評価されています。金持ちになれば、自己規制がゆるみ、道徳を踏み外してしまいがちだからです。この孔子の言葉に、はっと気づいた子貢は、「それは詩にいう『切するが如く、磋するが如く、琢するが如く、磨するが如し』という意味ですね」と反応し、孔子は「やっとお前と一緒に詩を語ることができるな」と褒めたのです。美しき師弟問答ではないでしょうか。

また、孔子は自分の子供（孔鯉）を溺愛するようなことはせず、ただ「詩」と「礼」の重要性を教えたとされます。

孔子の弟子の陳亢と孔子の子の伯魚（孔鯉の字）との問答です。

陳亢がたずねた。「あなたは先生から特別の教えを受けたことがありますか」。伯魚は「いいえ。ただ以前、詩を学んだかと聞かれましたので、まだですと答えると、詩を学ばなければまともな言葉遣いはできないぞと言われました。そこで詩を学びました。またあるとき、礼を学んだかと聞かれましたので、まだですと答えると、礼を学ばなければ一人の人間として世に立てないぞと言われました。そこで礼を学びました」と答えた。すると陳亢は喜んで言った。「一つのことを聞いて三つのことを得

子貢

た。詩の大切さ、礼の大切さ、そして君子がその子を特別扱いしないのを」と。

（『論語』季氏篇）

ここに、人間の自立の条件として、「礼」を学ぶことがあげられています。ここに言う「礼を学ばざれば、以て立つ無し」とは、孔子の名言の一つでしょう。

このように、すでに孔子も、礼の大切さを説いていました。実際に、「礼儀三百、威儀三千」（『礼記』中庸篇）と言われるような多くの礼儀作法が存在したのでしょう。それらは社会生活の実体験から生み出されたもので、当時の社会、特に知識人たちに共有され、かれらをゆるやかに規制するものでした。

礼の自覚

荀子は、そうした礼を、さらにはっきりと自覚し、分析したのです。孔子はあくまで仁や義などと並ぶ道徳の一つとして礼を重視したのですが、荀子は礼こそ国家統治の唯一の原理だと説くのです。もし孔子が生きていたら大いに驚いたことでしょう。

また、礼という言葉はあまりにも日常生活に溶け込んでいて、誰もことさらに深く考えてみようとはしませんでした。ところが荀子は、まず、その起源と効用について考えました。

欲望を抑えるために礼は必要

礼はどのようにして起こったのか。人には生まれながらにして欲望がある。欲望があるのにそれを達成できなければ、どうしてでもそれを求めようとする。その時、際限なく追求すれば、他者との争いが起きる。争えば世は乱れ、乱れれば困窮する。そこで、昔の王者はその混乱を憎み、礼儀を制定して分限を設け、人の欲望を適度に抑え、欲求を適度に満たし、欲望で物をきわめようとせず、物もまた人を刺激して欲を尽くさせないようにした。欲と物、その両者をたがいに調和させた。これが礼の起こったはじめである。

（『荀子』礼論篇）

礼は何に起こるや。曰く、人生まれながらにして欲有り、欲して得ざれば、則ち求むること無き能わず。求めて度量・分界無ければ、則ち争わざること能わず。争えば則ち乱れ、乱るれば則ち窮す。先王は其の乱を悪む。故に礼義を制して以て之を分ち、以て人の欲を養い、人の求めを給し、欲をして必ず物を窮めず、物をして必ず欲を屈さざらしめ、両者相持して長ぜしむるなり。是れ礼の起こる所なり。

礼起ニ於何一也。曰、人生而有レ欲、欲而不レ得、則不レ能レ無レ求。求而無ニ度量分界一、則不レ能レ不レ争。争則乱、乱則窮。先王悪ニ其乱一也。故制ニ礼義一以分レ之、以養ニ人之欲一、給ニ人之求一、使下欲必不レ窮ニ於物一、物必不レ屈ニ於欲一、両者相持而長上。是礼之所レ起也。

▽ここで荀子は、人間の本能として欲望があることを認めています。そのまま放っておけば、争いと混乱が起こると考えました。そこで昔の優れた王者（先王）が「礼」を設

けて、その欲望を調整したというのです。これが礼の起源です。

礼が人の欲と密接な関係にあることが指摘されています。荀子の人間論「性悪説」の伏線となるような主張です。確かに、様々な礼の規制があるからこそ、人は欲望を抑え、争いを避けることができるのかもしれません。「失礼」があってはならない、「無礼」な態度はとれないと思うから、言動が正しくなるのです。

礼の三根源

では、その礼の根本精神を、荀子はどのように考えているのでしょうか。礼には三つの根本があると説きます。

自然、祖先、先生を敬う

礼には三つの根本がある。天地は生命の本、先祖は人類の本、君と師(きみ・し)は政治の本である。天地がなければ万物はどこから生じてこようか。先祖がいなければ人類はどこから誕生するのか。君師がいなければどうして治まるだろうか。この三つのうち一つでも欠けたなら、安泰とは言えない。だから礼は上は天につかえ、下は地につかえ、先祖を尊び、君師を敬う。これが礼の三つの根本である。

（『荀子』礼論篇）

礼に三本有り。天地なる者は、生の本なり。先祖なる者は、類の本なり。君師なる者は、治の本なり。天地無ければ、悪んぞ生ぜん。先祖無ければ、悪んぞ出でん。君師無ければ、悪んぞ治まらん。三者偏亡すれば、安人無し。故に礼は、上天に事え、下地に事え、先祖を尊びて、君師を隆ぶ。是れ礼の三本なり。

礼有㆓三本㆒。天地者、生之本也。先祖者、類之本也。君師者、治之本也。無㆓天地㆒、悪生。無㆓先祖㆒、悪出。無㆓君師㆒、悪治。三者偏亡、焉無㆓安人㆒。故礼、上事㆑天、下事㆑地、尊㆓先祖㆒、而隆㆓君師㆒。是礼之三本也。

▽礼は、その昔、先王が作ったのですが、それには三つの根本があるとされます。天地、先祖、君師です。自然に対して謙虚にふるまい、祖先を尊び、上司や先生を敬うというのが礼の根本とされています。これは現代社会にも通ずる礼の基本精神でしょう。

生と死を貫く礼

また、礼は生きている人にだけ尽くすものではありません。生と死を貫くものだと説かれています。

人の死にこそ礼を尽くす

礼とは、人の生と死を整えることについて慎み深くさせるものである。生は人の始め、死は人の終わりである。始めと終わりがともにすばらしければ、人の道は完成する。だから君子は始めと終わりを、終始一貫して慎むのである。これこそ君子の道であり、礼儀の文飾(ぶんしょく)である。生きているときだけ手厚くして、死については軽薄にするというのでは、人に知覚があれば敬うが知覚がなければ侮るということになる。それは姦悪の人のやり方であり、人道に背く心である。

(『荀子』礼論篇)

礼なる者は、生死を治むるに謹しむ者なり。生は、人の始めなり。死は、人の終わりなり。終始倶に善なれば、人道畢わる。故に君子は始めを敬しみ終わりを慎み、終始一の如し。是れ君子の道にして、礼義の文なり。夫の其の生を厚くして其の死を薄くするは、是れ其の知有るを敬みて、其の知無きを慢るなり。是れ姦人の道にして、倍叛の心なり。

礼者、謹㆔於治㆓生死㆒者也。生、人之始也。死、人之終也。終始倶善、人道畢矣。故君子敬㆑始而慎㆑終、終始如㆑一。是君子之道、礼義之文也。夫厚㆓其生㆒而薄㆓其死㆒、是敬㆓其有㆑知、而慢㆓其無㆑知也。是姦人之道、而倍叛之心也。

▽人の死に際し、その礼を薄くしてはなりません。生きている人だけに礼を尽くし、死んだらおしまいというのは、人道に背くものだと説いています。

これは、葬儀を簡略にすることを主張した墨子(ぼくし)に対する批判かもしれません。孔子にはじまる儒家は、冠婚葬祭、特に「葬」を重視しました。人の死を厳粛に受け止めるからです。しかし、手厚い葬儀と長期にわたる喪(も)は、日常生活を圧迫します。そこで墨子は、儒家の考えを「厚葬(こうそう)」(過剰に手厚い葬儀)として批判し、「節葬(せつそう)」「薄葬(はくそう)」(簡略な葬式)を説きました。

現代日本でも、従来の葬送儀礼やお墓の問題は大きく揺れています。葬儀を簡略化し、遺骨を墓に埋葬せず、自然や土に返す自然葬や樹木葬、あるいは遺灰を海にまく散骨という方法も注目されています。

荀子の時代も様々な考えが交錯していたのでしょう。そのような中で荀子は、礼が生と死を貫くものだと主張し、手厚い礼は生にも死にも適用されると強調するのです。

（2）法に近づく礼

礼の心

荀子がそのように説くのは、礼がそもそも人の心に寄り添ってできたものだと考えたからに他なりません。墨子の説くような「節葬」は、人間の自然な感情からはずれていると感じたのです。

心にかなうものはみな礼である

> 礼は人の心に従うのを根本とする。だから、たとえ礼の経典に記載がなくても、人の心に寄り添うものは、みな礼である。
> （『荀子』大略篇）

礼は人心に順うを以て本と為す。故に礼経に亡きも、而して人心に順う者は、皆礼なり。

礼以㆑順㆓人心㆒為㆑本。故亡㆓於礼経㆒、而順㆓於人心㆒者、皆礼也。

▽礼の規定をまとめた古典として、『周礼』『儀礼』『礼記』があることについては、すでに説明しました。これらは「三礼」と呼ばれ、高く評価されました。しかし荀子はこれらに明記されていなくても、人の心に合致するものはみな礼だと言います。礼が無理に作られたものではなく、人の心に沿って無理なくできたものだと説くのです。

国を富ます道

そして礼は、単に人の感情を調整したり、人と人との関係を良好にしたりするだけではありません。国全体を豊かにする大切な手段だとされます。

礼によって浪費を防ぐ

国に不足がないようにする道。それは、財用を節約し、民を豊かにし、うまくその余りを備蓄することである。財用を節約するには礼により、民を豊かにするには政治による。為政者が民にゆとりを与える政治をすれば、国の余財も多くなる。民にゆとりを与えれば、民は富裕になり、民が富裕になれば、田地は肥えて手入れが行き届き、田地が肥えて手入れが行き届けば、収穫は百倍となる。法によって税を取り、礼によって費用を節約すれば、余財は山のごとくになり、時には焼き捨てないと収蔵できなくなる程になろう。よって君子たる者は、余財のないことを心配する必要はない。　（『荀子』富国篇）

国を足すの道、用を節し民を裕かにして、善く其の余を臧す。用を節するに礼を以てし、

足レ国之道、節レ用裕レ民、而善臧二其余一。節レ用以レ礼、裕レ

民を裕かにするに政を以てす。彼民を裕かにす、故に余多し。民を裕かにすれば則ち民富み、民富めば則ち田肥えて以て易まり、田肥えて以て易まれば則ち出実百倍す。上は法を以て焉を取り、下は礼を以て之を節用すれば、余は丘山の若く、時に焚焼せざれば、之を臧する所無し。夫の君子奚んぞ余無きを患えん。

民以レ政。彼裕レ民、故多レ余。裕レ民則民富、民富則田肥以易、田肥以易則出実百倍。上以レ法取レ焉、而下以レ礼節二用之一、余若二丘山一、不二時焚焼一、無レ所レ臧レ之。夫君子奚患二乎無一レ余。

▽いかに多くの収穫があっても、それを湯水のように使っていては、すぐに尽きてしまいます。そこで登場するのが礼です。節約・調整の機能を持った礼により、財の浪費を防ぐのです。みなが礼節をわきまえれば、おのずから節約経済となり、余剰が増えるでしょう。もったいないという自然の感情をもとに、浪費してはならないという礼が生まれます。それが人々に共有されれば、おたがいを緩やかに規制できるでしょう。
ただここで注意したいのは、税の取り立てが「法」によるとされている点です。現実

問題として、荀子の時代にも、国ごとに様々な法が施行されていました。ここでは、その法と礼とがうまく棲み分けをしているように見えるのですが、そもそも両者は対立しないのでしょうか。

礼と法の折り合い

そこで、礼と法との関係について考えてみましょう。荀子は次のように述べています。

礼が守れない者は法も守れない

礼というものは人の身を正すものである。師というものは、礼を正していくものである。礼がなければどうやって身を正そう。師がいなければ私はどうして礼が正しいと理解できるのか。礼が当然のごとく行われるのは、その礼が人情にかなっているからである。師が言う通りに言うことができるのは、その人の知恵が師の教えにかなっているからである。人情が礼に落ち着き、智恵が師と同じようになれば、その人は聖人と言える。だから礼を否定する者は法を無視する者である。師を批判する者は師を無視する者である。

（『荀子』修身篇）

礼なる者は、身を正す所以なり。師なる者は、礼を正す所以なり。礼無くんば何を以てか身を正さん。師無くんば吾安んぞ礼の是為るを知らんや。礼然しくして然しくするは、則ち是れ情礼に安んずるなり。師云して云するは、則ち是れ知師の若くするなり。情は礼に安んじ、知は師の若くなれば、則ち是れ聖人なり。故に礼を非とするは、是れ法を無みするなり。師を非とするは、是れ師を無みするなり。

礼者、所㆓以正㆒ㇾ身也。師者、所㆓以正㆒ㇾ礼也。無ㇾ礼何以正ㇾ身。無ㇾ師吾安知㆓礼之為㆒ㇾ是也。礼然而然、則是情安ㇾ礼也。師云而云、則是知若ㇾ師也。情安ㇾ礼、知若ㇾ師、則是聖人也。故非ㇾ礼、是無ㇾ法也。非ㇾ師、是無ㇾ師也。

▽ここではまず、「礼」と「師」(先生)とが対照されます。礼は人の心を正すもの、師はその礼の正しさを人々に教える者、と説かれています。そして、礼が当然のように行われるのは、そもそも礼が人情にかなっているからだという持論が展開されるのです。

ただ、ここで突如、「礼を否定する者は法を無視する者だ」と、「法」が登場します。議論が飛躍しているようにも思えますが、荀子は、法も礼と同じように、人の心にかなっていることが大切だと意識しているのでしょう。そうであれば、礼の先に法があることになって、礼と法とにはそれほどの違いはないということになるでしょう。

もっとも、礼は、荀子が言うとおり、たとえ文献に記されていなくても、人情にかなうものはみな礼であるのに対し、法は、あらかじめ規定が明記され、その規定に違反した場合には罰則が適用されます。礼を破った場合には、「無礼者」という批判や冷たい視線を浴びるだけで、罰金や懲役刑を科せられることはありません。ここに礼と法との大きな違いがあります。しかし荀子は、心にかなうという点で、法は礼の延長線上にあると考えていたようです。

この主張は従来の伝統的な儒家から見た場合、ある意味でとても過激な思想だったのではないでしょうか。なぜなら、礼と法とがこのように共通性を持つのなら、荀子の「礼治」は儒家の思想だとは言っても、「法治」への道を切り開く可能性があるからです。それまでの礼と法との関係が、電源スイッチのオン・オフだったとすれば、荀子のそれは、音量のスライドバーのようなものだったと言えましょう。

君子は法の源

こうした荀子の考えをより明らかにするものとして、法の源に関する意見を見てみましょう。法はどこから生ずるのかという問題です。

ふさわしい人を得ることが大切

国を乱す君主という者はいるが、みずから乱れていく国というものはない。国をよく治める人はいても、それだけで自動的に治まっていく法というものはない。（弓の名人）羿の技術は亡んでしまったわけではないが、羿の後継者はその後代々羿本人のようにうまく当てることはできない。（夏王朝の創始者）禹の法は今も伝わってはいるが、禹の子孫は代々王となっているわけではない。このように、法はそれだけで独立して存続することはできず、類例も先例があるからといってうまく行うことはできないのである。適当な人を得ることができれば存続し、その人を失えば亡ぶのである。法は統治の端緒である。君子は法の源である。

（『荀子』君道篇）

乱君有りて、乱国無く、治人有りて、治法無し。羿の法は亡ぶに非ざるも、而して羿は世中らず。禹の法は猶お存するも、而して夏は世王たらず。故に法は独り立つこと能わず、類は自ら行うこと能わず、其の人を得れば則ち存し、其の人を失えば則ち亡ぶ。法なる者

有㆓乱君㆒、無㆓乱国㆒、有㆓治人㆒、無㆓治法㆒。羿之法非㆑亡也、而羿不㆓世中㆒。禹之法猶存、而夏不㆓世王㆒。故法不㆑能㆓独立㆒、類不㆑能㆓自行㆒、得㆓其人㆒則存、失㆓其人㆒則亡。法者、治之端

一は、治の端なり。君子なる者は、法の原なり。　也。君子者、法之原也。

▽これは、要するに「人」次第という主張です。法も礼と同じように、人の心にかなっていなければなりません。法が人の心から離れたところで勝手に存在し、また、法があるということだけで自動的に治まっていくのではないのです。法の源はあくまで君子（人）なのです。とすれば、法と礼とに大差はなく、両者の使い分けが可能になるでしょう。この考えも、従来の儒家思想とは大きな違いがあります。

礼の究極的な源が君主だとすれば、君主を頂点とする差等の世界が理想型ということになるでしょう。礼は身分ごとにきめ細かく制定されています。君主は君主なりの服装や所作が求められ、臣下は決してそれをまねてはなりません。臣下についても、職階に応じた衣服・言葉遣い・身のこなしが「礼」として規定されています。それはまるで、「法治」が理想としていた中央集権的なピラミッド状の世界だったとも言えましょう。

礼と刑の使い分け

このように礼と法が接近すると、両者の関係は次のようになると説いています。善には礼、不善には刑で対応するという使い分けです。人の言動をすべて法（賞罰）でおおうのではなく、良いことには礼で報い、悪いことだけに対して刑罰を適用するという棲み分けです。先の富国篇で徴税は法の領域とされていたのも、そこに脱税という深刻な問題が生じやすく、礼の領域ではカバーできないと考えられたからでしょう。

礼と刑の区別をはっきりさせる

政務を執り行う根本は、善をもって至る者には礼で応対し、不善をもって至る者には刑罰で対応する。両者の区分がはっきりしていれば、賢人と愚者はまじることがなく、是非（正しいことと悪いこと）の分も乱れることがない。賢人と愚者がまじらなければ、優れた人物がやって来て、是非が乱れなければ、国家は治まるであろう。このようであれば、名声は日に日に高くなり、天下はその国に従い、命令はよく行われ、禁令も守られて、王者の事業は完成する。

（『荀子』王制篇）

政を聴くの大分、善を以て至る者は之を待つに礼を以てし、不善を以て至る者は之を待つに刑を以てす。両者分別すれば、則ち賢不肖雑らず、是非乱れず。賢不肖雑らざれば、則ち英傑至り、是非乱れざれば、則ち国家治まる。是くの若くなれば、名声日に聞こえ、天下願い、令行われ禁止み、王者の事畢わる。

聴レ政之大分、以レ善至者待レ之以レ礼、以二不善一至者待レ之以レ刑。両者分別、則賢不肖不レ雑、是非不レ乱。賢不肖不レ雑、則英傑至、是非不レ乱、則国家治。若レ是、名声日聞、天下願、令行禁止、王者之事畢矣。

▽荀子はこのように礼と刑との使い分けを説きます。では、礼を尊重する荀子は、なぜ、わざわざ刑を持ち出すのでしょうか。礼ですべてをおおうと主張しないのでしょうか。

それには、当時の社会状況を考えてみなければならないでしょう。荀子が活動する戦国時代末期よりも百年ほど前、古代中国世界に激震が走りました。秦による法治の実践です。戦国時代中期の秦の孝公に採用された商鞅（紀元前三九〇？～前三三八）という思想家は、二度にわたって「変法」を断行しました。その概要は、次のようなものです。

・「法治」……法を国家の基本原則とする。
・「什伍制」……戸籍を整備し、日常でも戦場でも連帯責任を負わせるため、民を十人組・五人組とし、悪事の密告を強要する。
・「分家の強要」……一つの家に成年男子が二人以上いることを禁じて、徴兵・徴税の増加を図る。
・「軍爵制」……貴族であっても軍事的功績によってのみ爵を与える。

この改革は功を奏し、秦は強国への道を歩んでいくことになります。もっとも、商鞅自身は、孝公の死去により、後ろ盾を失って、保守派から手厳しい報復を受けました。両手両足を一度に車で引きちぎる「車裂の刑」に処せられたのです。保守的な人々や従来の貴族層にとって、商鞅の変法は、あまりにも急激な改革だったからでしょう。

ただ、これをきっかけに、秦は「戦国の七雄」の中でも最強国へと成長していくのです。荀子が活動した時代は、まさにその法治の成果が表れつつある時代でした。もはや法を無視することはできないという現実があったのでしょう。

礼と法の関係については、本書の第二部の二「礼と法はどう違うか」もご参照下さい。

（3）区別と威厳が礼の術

秦の政治には限界がある

しかし、孔子以来の儒家の伝統を引き継ぐ荀子には、統治原理として法治を容認することはできませんでした。

強引な方法は必ず失敗する

力による政治には限界があり、礼儀による政治が行われるというのは、どういう意味なのか。それは秦のことを言ったものである。その威力は殷の湯王や周の武王よりも強く、領土は舜や（夏王朝の）禹よりも広大である。ところが、その憂いや心配事は数え切れないほど多く、びくびくとして、常に、天下中が連合して自

国を襲ってこないかと恐れている。これが力による政治には限界があるということである。（『荀子』彊国篇）

力術止み、義術行わるとは、曷の謂いぞや。曰く、秦の謂いなり。威は湯武より彊く、広は舜禹より大なり。然り而して憂患は勝げて校うべからず、諰諰然として常に天下の一合して己を軋せんことを恐るるなり。此れ所謂力術止むなり。

力術止、義術行、曷謂也。曰、秦之謂也。威彊ニ乎湯武一、広大ニ乎舜禹一。然而憂患不レ可ニ勝校一也、諰諰然常恐ニ天下之一合而軋一レ己也。此所謂力術止也。

▽「力術」とは、秦のやり方です。厳格な法治を背景とする強権政治です。確かに秦はそれで軍事大国へと変容したのですが、それには限界があり、やがて行き詰まると荀子は考えました。そのやり方が人心を離れた強引なものだったからです。そのような国は、

民衆反乱が起こるのではないかと常に怯えていなければなりません。では、「力術」の限界を補うものは何でしょうか。それこそ「義術」。正義と礼節に基づく政治です。

荀子は、このように秦の法治主義を念頭に置いて、その限界を説き、礼に基づく政治を主張しました。礼と法（刑）との棲み分けを説きながらも、やはり重視すべきなのは礼による統治だったのです。

だから、荀子の描いた国のあり方は、為政者が民を愛し、両者が苦楽をともにするというものでした。戦国時代後半の秦が、厳しい法治で人々に迫り、民を農耕と戦闘に駆り立てたのとは大いに違います。

三つの徳

こうした理想のもと、荀子は政治には三つの徳が必要だと説いています。

人々の支持を得る

国を治める者は、百姓（民）の力を得ることができる者は豊かになり、民の命を得ることができる者は強くなり、民からの褒め言葉を得ることができる者は栄える。この三つの徳が備わる者には天下の人々が帰服し、三つの徳を失えば、天下の人々は去って行く。天下が帰服するものを王国といい、天下が去って行くものを亡国という。

（『荀子』王霸篇）

国を用むる者は、百姓の力を得る者は富み、百姓の死を得る者は彊く、百姓の誉を得る者は栄ゆ。三徳なる者具わりて天下之に帰し、三徳なる者亡くして天下之を去る。天下之に

用レ国者、得二百姓之力一者富、得二百姓之死一者彊、得二百姓之誉一者栄。三徳者具而天下帰レ之、三徳者亡而天下去レ之。

帰す、之を王と謂い、天下之を去る、之を亡と謂う。

天下帰レ之、之謂レ王、天下去レ之、之謂レ亡。

▽為政者は百姓（民）から信任されることが大切です。君主と民との間に信頼関係があれば、為政者は民の力を大事業に活用することができ、農業生産を増やすこともできます。また民がこの君主のために命を投げ出してもよいと思っていれば、その軍隊は強くなります。民が君主を賞賛する国は繁栄します。こうした国であれば、黙っていても人々は君主を慕い、また周辺諸国の人民も帰服してくるでしょう。移住を強要してまで人口を増やす必要はありません。

民を愛し政治に安んじさせる

要は、為政者が民を愛しているかどうか、彼らの安寧を願っているかどうかなのです。君主と民との関係は次のように説かれています。

君主は舟、庶民は水

庶民が政治に安んじていて、はじめて君子（君主）はその位に安んじることができる。古伝に「君主は舟、庶民は水。水は舟を載せることもできるが、また舟を覆すこともできる」とあるのは、まさにこのことを言っているのだ。だから君主の地位にある者は、安泰を願うのであれば、公平な政治を行い、民を愛するのが第一であり、栄誉を願うのであれば、礼を尊び、士を敬うのが第一であり、功名を立てようと願うのであれば、賢者を尊び有能な者を使うのが第一である。これが人君たる者の持つべき大いなる節目である。この三つの節目がうまく機能していれば、その他のことについても自ずからうまくいくのである。（『荀子』王制篇）

庶人政に安んじて、然る後に君子位に安んず。伝に曰く、「君なる者は、舟なり。庶人

庶人安レ政、然後君子安レ位。
伝曰、「君者、舟也。庶人者、

なる者は、水なり。水は則ち舟を載せ、水は則ち舟を覆す」と。此れの謂いなり。故に人に君たる者、安を欲すれば、則ち政を平らかにし民を愛するに若くは莫く、栄を欲すれば、則ち礼を隆び士を敬するに若くは莫く、功名を立てんと欲すれば、則ち賢を尚び能を使うに若くは莫し。是れ人君の大節なり。三節なる者当たれば、則ち其の余は当たらざること莫し。

水也。水則載レ舟、水則覆レ舟」。此之謂也。故君レ人者、欲レ安、則莫レ若二平レ政愛一レ民矣、欲レ栄、則莫レ若二隆レ礼敬一レ士矣、欲レ立二功名一、則莫レ若二尚レ賢使一レ能矣。是人君之大節也。三節者当、則其余莫レ不レ当矣。

▽「伝」として引かれる水と舟の比喩は絶妙です。舟は水があってこそ浮かび、進むことができます。しかし一方、無理をしたり操作を誤ったりすれば、その水によって転覆することもあるのです。民を愛するのが第一だという荀子の主張は、商鞅の変法には決して見られなかった精神です。

これこそ、孔子にはじまる儒家の本領発揮というところでしょう。孔子も、「己を脩めて以て百姓を安んず」(『論語』憲問篇)と説いていました。自己修養をもとにして、さらに民衆すべてに思いを致し、彼らを安んずることが、政治において最も大切で、また最も難しいことだという意味です。

道徳の力

そのような政治が行われれば、民は法による強制を待たずとも、君主を敬愛することでしょう。

> **道徳に威厳を持たせるのが礼**
>
> 礼節と音楽が整い、名分と正義が明らかにされ、行動が時宜にかなっていて、愛と恩恵が形となって現れる。そのようであれば、民は君主を尊ぶこと天帝のごとく、君主を高く仰ぎ見ること天のごとく、君主に親しむこと実の親のごとく、君

主を畏敬すること神のごとくである。だから賞を用いなくとも民はみずから仕事に励み、罰を用いなくても威厳はゆきたわる。これを道徳の威という。

（『荀子』彊国篇）

礼楽は則ち脩まり、分義は則ち明らかに、挙錯は則ち時にし、愛利は則ち形わる。是くの如くなれば、百姓之を貴ぶこと帝の如く、之を高しとすること天の如く、之を親しむこと父母の如く、之を畏るること神明の如し。故に賞用いずして民勧み、罰用いずして威行わる。夫れ是を之れ道徳の威と謂う。

礼楽則脩、分義則明、挙錯則時、愛利則形。如レ是、百姓貴レ之如レ帝、高レ之如レ天、親レ之如二父母一、畏レ之如二神明一。故賞不レ用而民勧、罰不レ用而威行。夫是之謂二道徳之威一。

▽儒家の統治論の極致です。礼儀道徳による統治は、法による強制よりも弱いのではな

いかという疑念に対して、荀子はきっぱりと表明します。「道徳の威」による政治こそ、君主と民とがともに幸せになる道だと。

ただ、人々が「道徳の威」を感じるのは、君主や重臣たちが立派な礼服に身を包み、厳かな言葉や身のこなしをしてみせるからです。礼は万民を平等にするものではなく、むしろ逆に、身分・職階に応じた差等を明らかにする装置でした。だからこそ人々はそこに威を感じ、恐れ入るのです。礼はまごころから発するとは言っても、一旦できあがった礼制は、人々を強く規制していきます。それは法家の説く「法術」まであと一歩のところにありました。「礼術」という言葉はありませんが、荀子は礼が強力な統治の術となることをはっきりと自覚していたのでしょう。

荀子の「礼治」から韓非子の「法治」へ

紀元前三世紀、戦国時代の終わり頃、諸国は富国強兵を目指して法治主義へと突き進んでいました。そのような中で、荀子は孔子にはじまる儒家の伝統を引き継ぐと自覚し、道徳に基づく政治の重要性を力説しました。ただ、漠然とした道徳だけでは国の統治は困難でした。孔子のように「仁」を唱えても、「思いやり」とか「まごころ」といった曖昧な道徳だけでは広大な領土と多数の民を経営できなかったのです。

そこで荀子は、統治論として「礼治」を提唱しました。古代の王者に起源を持つ礼は、何より人の心に寄り添うものでした。法のように国や君主の都合で勝手に制定されたものではありません。長い歴史や実体験の中から生み出されてきたものです。荀子は、それを統治の手段にしようというのです。

この思想は、従来の儒家思想を尺度にすれば、きわめて異色の統治論だったと言えましょう。なぜなら、「礼」という人間の外側にあるものを統治の手段とするからです。それまでの儒家の思想では、「仁」や「義」という徳が重視されていました。思いやりや正義の心などはいずれも人間の内面にあるとされていたもので、その正しい心を尊重しようというのが伝統的な考え方だったのです。ところが荀子は、それらを曖昧な道徳論だとして採用せず、より客観的な「礼」を手がかりにしようというのです。

これにより、人は具体的な基準を直接目にすることになりました。それまでは、漠然と「頑張りましょう」「正しい生活をしましょう」と言われていたところに、客観的なデータと数値目標が提示されたようなものです。それを手がかりに人は修養に努め、また為政者はそれを基準に人々を統制していくこととなるのです。

そうすると、この「礼治」は、あくまで儒家思想の延長線上にありながらも、法家の「法治」まであとわずかのところにあったと言えましょう。現に、荀子は礼と刑を並べて説き、両者の使い分けに言及する場合もありました。もはや法は無視できない存在となっていたのです。

その間隙を突くかのように登場したのが、韓非子の思想でした。韓非子は、かつて荀子に学び、礼の意義についても充分理解していました。しかし、礼治の持つ課題をも感じたのでしょう。強国化を遂げていく秦を目の当たりにして、荀子は秦の法治の限界を説きましたが、韓非子はむしろそれを賞賛しました。韓非子の思想は、秦の強国化に拍車をかけ、空前の大帝国を出現させたのです。

荀子と韓非子、そして秦の始皇帝については、本書の第二部の三「荀子から韓非子へ、そして始皇帝へ」もご覧下さい。

■コラム ラストエンペラーと礼

中国清朝最後の皇帝溥儀の生涯を描いた映画「ラストエンペラー」は、その年のアカデミー賞を総なめにした超大作です。公開は一九八七年、監督はイタリアのベルナルド・ベルトルッチ、主演は香港出身のアメリカ人俳優ジョン・ローン、中国語原題は「末代皇帝」。

最も印象深いのは、まだ三歳の愛新覚羅溥儀が即位に際し、皇帝の衣服に身を包んで巨大な紫禁城の太和殿に立つシーンです。太和殿とは、現在、故宮として公開されている宮殿の中でも最大の建物で、かつてここで国家の儀式が執り行われました。

紫禁城の歴史を振り返ってみましょう。

明の永楽帝（第三代皇帝）が一四〇六年、元の宮殿を大きく修築し、南京から北京に遷都して建設したのが紫禁城です。一六四四年、明末の李自成の乱で大半が焼失しましたが、清朝によって再建されます。明・清代の約五百年間、二十四代の皇帝が君臨した宮殿です。

その構造は、北側（奥）の内廷と南側（手前）の外朝に分かれます。内廷は皇帝・皇后の居住地、外朝は公的な儀式や政治を行う場です。あわせて、南北九六一メートル、東西七五三メートル。総面積七二万平米の巨大な空間です。四方は高さ十二メートル、幅十メートルの城壁によって囲まれていて、その周りを幅五十二メートルの堀が囲んでいます。

『ラストエンペラー』
Blu-ray　発売・販売元：キングレコード　©Recorded Picture Company

よく知られるのは、紫禁城に至る手前（南）の天安門でしょう。一九四九年、毛沢東がここで中華人民共和国の成立を宣言しました。

この天安門から北へ向かって、紫禁城の正面（南門）に至ると午門があり、それをくぐって、金水橋を渡ると、外朝の正門「太和門」に至ります。その正面にあるのが、圧倒的な大きさを誇る「太和殿」です。中国最大の木造建築物で、高さ三十五メートル、幅六十三メートル、奥行き三十三メートル。皇帝の即位式や重要な式典が挙行されました。明の永楽十八年（一四二〇）に落成したものです。殿の中央に置かれた玉座の上に、龍の銜えた大玉が吊されており、不徳の皇帝が座ると玉が落下すると言い伝えられていました。清朝末期に政権を握った袁世凱は玉座を少しずらして座ったとされます。

その太和殿に立つ溥儀のあどけない顔とは対照的に、階下の広場には居住まいを正した大勢の臣下たちが直立しています。そして、号令に合わせて「三跪九叩頭」の礼をします。三跪とは、三回ひざまずくこと、九叩頭とは、ひざまずいた際に三度、合計九回頭を地面にたたきつける礼のことです。清朝皇帝に対して、臣下はこの最大級の礼をとる必要がありました。

中国歴代王朝を支えていたのは、実はこの礼なのです。もちろん、法による統治が表面上の原理でしたが、厳格な法治をむき出しにすると人々はそれに反発し、時に反乱さえも起こしました。そこで歴代の王は、法治の苛酷さを隠しつつ、礼によって威厳を保ち、政権の転覆や下剋上を抑止しようとしたのです。秦漢帝国以降の政治は、「法治」のように見えて、実は「礼治」だったとも言えるでしょう。

しかし、次第に礼の規定が煩瑣(はんさ)になると、屋上屋(おくじょうおく)を架(か)すようになり、その形式面のみが異様に追求されるようになりました。礼の心ではなく、礼の形が一人歩きしていったのです。

清朝が倒れ、紫禁城を追われたラストエンペラー溥儀は、波瀾万丈の生涯を送った後、すべてが虚構だったと振り返ります。紫禁城の黄昏(たそがれ)とは、二千年にわたるこの礼制の崩壊でもありました。

三、不遇とどう向き合うか

荀子は、国家統治の原理として「礼治」を説きました。また、性悪説を主張し、人をどのように導くことができるか考えました。

それでは、他人のことはともかく、自分自身について荀子はどう考えたのでしょうか。人の感情には起伏があり、必ずしも一定ではありません。特に苦難や逆境に際して、平常心を保つのはむつかしいでしょう。それをどう乗り越えたらよいのでしょうか。自分をコントロールする極意についての荀子の言葉を聞いてみましょう。

そこで考えなければならないのは、古代中国の世界観です。古代の中国では「天」に対する素朴な信仰がありました。その漢字「天」は、「人」が両手を大きく広げた「大」の上にさらに一画を加えたもの。この字形が表すとおり、人間の言動を常に上方で見守っている存在。それが天です。単なる青空という意味ではありません。天は人の寿命や運命を司り、良い行いには福を、悪い行いには禍を降すと信じられていました。

ただ、天は、姿もなければ声も発しません。それだけに偉大な存在でした。

では、天の意思を知るにはどうしたらよいのでしょうか。たとえば、天変地異です。大地震や干ばつ、暴風、長雨などの異変を、人々は天の怒りや警告と受け止め、身を慎んだのです。また、積極的に天意を知ろうとして、占いをする場合もありました。甲骨（亀の甲羅や牛の肩甲骨）を焼いてできたひび割れに天の声を知り、筮竹によって卦を立てて吉凶を占いました。ともかく天は崇高な存在だったのです。

この天に見守られた人間は、ものごとがうまくいっている時にはいいのですが、必ずしもそうならない時もあります。それが「逆境」です。程度の差はあっても逆境は誰にも訪れます。そして自分を見失いがちになります。荀子は、こうした世界と人間との関係において、自分自身をどうコントロールすればよいと説くのでしょうか。

（1）天と人の分

天行常有り

太陽や月、星座の動き、四季のめぐり。そういったものに人々は天の規則性を感じました。荀子もそれを「天行（てんこう）」といっています。ただ、それは、人事（人間の言動）とはまったく関係がない一定不変の動きだというのです。吉凶や治乱は人間の所業によって決まるのであって、天が降すものではないと説くのです。

人事こそが大切

天の運行には常があり、偉大な堯（ぎょう）のために存在したり、暴君の桀（けつ）のために亡んだりするということはない。人が道理に従って天に対応すれば吉、乱れたやり方で対応すれば凶となる。農業に力を入れて費用を節約すれば、天も貧乏にすることはできず、生を養い行動が適切であれば、天も病苦を与えることはできず、正しい道を修めて違（たが）うことがなければ、天も禍（わざわい）を降すことはできないのである。

（『荀子』天論篇）

天行常有り、堯の為に存せず、桀の為に亡びず。之に応ずるに理を以てすれば則ち吉、之に応ずるに乱を以てすれば則ち凶。本を彊めて用を節すれば、則ち天も貧にすること能わず。養備わりて動時なれば、則ち天も病ましむること能わず。道を脩めて弐わざれば、則ち天も禍すること能わず。

天行有㆑常、不㆓為㆑堯存㆒、不㆓為㆑桀亡㆒。応㆑之以㆑理則吉、応㆑之以㆑乱則凶。彊㆑本而節㆑用、則天不㆑能㆑貧。養備而動時、則天不㆑能㆑病。脩㆑道而不㆑弐、則天不㆑能㆑禍。

▽堯とは、中国古代の聖王の系譜で筆頭にあげられる偉人です。伝説上の人物ですが、儒家は、この堯と、その堯から禅譲された舜とを理想の聖王として絶賛しました。一方、桀は夏王朝最後の王で、暴君の代表です。次の殷王朝の最後の王紂とともに「桀紂」と呼ばれ、「堯舜」と対比されました。「堯舜」が理想で、「桀紂」は反面教師というわけです。

しかし、天の運行は、この堯舜の善行や桀紂の悪行に呼応したわけではありません。

堯の時だけ太陽や月が順調にめぐり、桀の時だけ運行が滞(とどこお)ったというようなことはなかったのです。これにより荀子は、天の運行と、人間界の善悪との間には何の関係もないというのです。吉か凶かはすべて人間の言動が招いた結果だと考えたのです。

天を怨むべからず

だから、生産の根本である農業をおろそかにし、人の道にはずれた悪行を繰り返し、不健康な生活を続ければ、貧困と病に苦しむことになります。それは自業自得であって、決して天のなしたわざではありません。同じ世に生を受けても、まじめに働いている人は幸せになり、でたらめをしている人は不幸になるというのは、当然の結果なのです。

天と人との分を理解する

天の時を受けることは治平(ちへい)の世と変わらないのに、自分が受ける禍(わざわい)は治平の時と異なっている。決して天を恨んではならない。自然の道理としてそうなっている

のである。だから天と人との分を理解している者を至人ということができるのである。（『荀子』天論篇）

時を受くることは治世と同じくして、而も殃禍は治世と異なり。以て天を怨むべからず、其の道然らしむるなり。故に天人の分に明らかなれば、則ち至人と謂うべし。

受レ時与二治世一同、而殃禍与二治世一異。不レ可二以怨一レ天、其道然也。故明二於天人之分一、則可レ謂二至人一矣。

▽当時の素朴な信仰によれば、天が人間に禍福を降すと考えられていました。善行を積んだ人には天が幸福をもたらし、悪行を重ねる者には天が罰（禍）を降すと信じられていたのです。しかし荀子は、天と人との領域には何の因果関係もないといいます。天は一定不変の運行を続けているだけで、人間世界の禍福吉凶に関与することはなく、幸不幸は、その人自身が招いたものだと考えたのです。これを「天人の分」の思想といいま

す。そして、こうした原理を理解している人だけが「至人（しじん）」（最高の境地に至った人）と呼ばれるのです。

天を知るを求めず

規則正しい運行を続ける天には、人間に関わろうとする意思などはありません。それなのに、天に意思があると思い込み、それを無理に知ろうとすることなどは無駄なことでしょう。ひたすら自分のなすべき仕事に全力を尽くすのがよいのです。

自分の仕事に全力を尽くす

星々は相従（あいしたが）い、太陽と月は交互に照らし、四季は代わる代わる訪れ、陰陽の二気は大いに変化し、風雨はあまねく行き渡る。万物は各々その自然の調和によって生まれ、各々その養育を得て成長する。その働きは目に見えないが、結果だけははっきりと分かる。これを神妙という。誰もがその現象として形となったものを知ることはできるが、その現象となる前の無形の働きを知ることはできない。これを天の功という。ただ聖人だけは天を知ろうなどとはしないのである。（『荀子』天論篇）

列星随旋し、日月遞炤し、四時代御し、陰陽大化し、風雨博施す。万物各其の和を得て以て生じ、各其の養を得て以て成る。其の事を見ずして、其の功を見る。夫れ是を之れ神と謂う。皆其の成る所以を知り、其の無形を知ること莫し。夫れ是を之れ天功と謂う。唯だ聖人のみ天を知るを求めずと為す。

列星随旋、日月遞炤、四時代御、陰陽大化、風雨博施。万物各得二其和一以生、各得二其養一以成。不レ見二其事一、而見二其功一。夫是之謂レ神。皆知三其所二以成一、莫レ知二其無形一。夫是之謂二天功一。唯聖人為レ不レ求レ知レ天。

▽自然のめぐりは偉大です。太陽、月、星々、四季。それらは規則正しく運行していま す。万物も人間も、そのお陰で生まれ、成長します。その仕組みは目に見えないのです が、結果だけは知ることができます。天を知ろうなどとするのは無駄なこと。人間の果 たすべき役割に徹すべきだと荀子は説きます。

雨乞いと卜筮の限界

ところが、人々の中には、天に意思があるとして、それを何とか知りたいと思う者が います。あるいは、自分の願いを何とかして天に届けたいと考える人もいるのです。

雨乞いで雨が降るのではない

雨乞い(あまご)いをして雨が降るというのはどういうことか。答えていう、「どうということ はない。雨乞いをせずに雨が降るのと同じである。日食や月食に際して欠けたと ころを救おうとし、干ばつの時に雨乞いをし、卜筮(ぼくぜい)によって大事を決めるのは、それによって結果が得られるのではない。飾っているに過ぎないのである。だから君子はそれらを飾りだと考え、民衆は神だと思う。単なる飾りだと考えるのは良いが、神だと思ってしまうのは良くない」。

（『荀子』天論篇）

雩して雨ふるとは、何ぞや。曰く、「佗無し。猶お雩せずして雨ふるがごときなり。日月食して之を救い、天旱して雩し、卜筮して然る後に大事を決するは、以て求むるを得と為すに非ざるなり。以て之を文るなり。故に君子は以て文と為し、百姓は以て神と為す。以て文と為せば則ち吉なるも、以て神と為せば則ち凶なり」。

雩而雨、何也。曰、「無レ佗也。猶ニ不レ雩而雨一也。日月食而救レ之、天旱而雩、卜筮然後決ニ大事一、非ニ以為レ得レ求也。以文レ之也。故君子以為レ文、而百姓以為レ神。以為レ文則吉、以為レ神則凶也」。

▽ここには孔子のきわめてドライな見方が表明されています。雨乞いの儀式や卜筮には効果がないというのです。ただ、まったく無意味だとするのではありません。「文」だといいます。これはどういうことでしょうか。

民衆の中には、こうした儀式や占いに一喜一憂する者もいます。大いに期待を寄せたり、恐れたりする者もいるでしょう。王が立派な雨乞いの儀式を行い、卜筮の結果に身を慎めば、それだけで大いに安心する人がいるかもしれません。

為政者はそうした心情を無視してはなりません。うまくすくい上げる必要があります。そこで、雨乞いや卜筮を全否定するのではなく、人心を得るための飾りとして活用しようというのです。民衆はそれを「神」（神妙なこと）と感ずるかも知れませんが、為政者はあくまで冷静に、「文」としなければならないというのです。

（2）自分で道を切り開く

このように、天の運行と人事とが別物であるのなら、人は自分で道を切り開くしかないでしょう。天に祈ってもみても仕方がないのです。

安危存亡の原因は自らにあり

春秋戦国時代、理想の統治者は「王」と呼ばれました。優れた人格を備え、天下の人々を帰服させた人物です。これに次ぐのが「霸」。武力によって一時代を築いた者です。その次は「存」。かろうじて存続しているという程度の国。そして最後は「亡」国です。こうした区別はどうして生まれるのでしょうか。荀子は次のように説いています。

王となるべくして王となる

王となる条件が備わって王となり、霸者としての条件が備わって霸者となり、存続する条件が備わって存続し、滅亡する条件が備わって滅亡する。大国を統治する者は、威力絶大となる原因、名声が輝く原因、敵国が屈する原因、国が安泰と自身危険となるか、良くなるか悪くなるかの原因の分かれ目が、すべてその国のであって、他国にあるのではない。王・霸・安存・危殆・滅亡の分かれ目も、みな自分自身にあるのであって、他人にあるのではない。

（『荀子』王制篇）

具具わりて王、具具わりて覇、具具わりて存し、具具わりて亡ぶ。万乗の国を用むる者は、威彊の立つ所以、名声の美なる所以、敵人の屈する所以、国の安危臧否する所以の制は与此に在りて、人に亡し。王、覇、安存、危殆、滅亡の制は与我に在りて、人に亡し。

具レ具而王、具レ具而覇、具レ具而存、具レ具而亡。用二万乗之国一者、威彊之所二以立一也、名声之所二以美一也、敵人之所二以屈一也、国之所二以安危臧否一也制与在レ此、亡二乎人一。王、覇、安存、危殆、滅亡制与在レ我、亡二乎人一。

▽ここにいう「万乗の国」とは、戦国時代の強大国。「乗」とは戦車の台数を表す単位。

一万台の戦車を保有している大国という意味です。

ちなみに、戦車一台には、一説によれば、歩兵七十五人が附属していたとされるので、「万乗」とは、数十万から百万の大兵力をいいます。戦国時代末期の大国秦（しん）や楚（そ）は、百万の軍を擁（よう）していたとされます。

ここには、そのような大国を統治する際の心得が説かれています。「王―覇―存―亡」という序列のどこに位置することになるかは、すべて自国・君主自身にかかっているというのです。天や他人のせいにはできないのです。

逆境の心がけ

このように、人は天をあてにすることなく、自分の力で道を切り開いていかなければなりません。しかし、善意善行に天が呼応してくれないなら、どんなに頑張っても報われない時もあるでしょう。人はそれを「逆境」といいます。

世に逆らわない

舜と孝己は孝の人であったが、親からは愛されなかった。比干と子胥は忠の人であったが、君主には用いられなかった。仲尼（孔子）と（弟子の）顔淵は知の人であったが、世に容れられず困窮した。暴国に生まれて迫害されても、それを避けて亡命することのできない者は、その国の良いところを褒め、その美点を顕彰し、その長所を言い立てて、その短所を言わないようにする。

（『荀子』大略篇）

虞舜、孝己は孝なるも、而も親は愛せず、比干、子胥は忠なるも、而も君用いず、仲尼、顔淵は知なるも、而も世に窮す。暴国に劫迫せられて、之を辟くる所無ければ、則ち其の善を崇び、其の美を揚げ、其の長ずる所を言いて、其の短なる所を称せざるなり。

虞舜、孝己孝、而親不レ愛、
比干、子胥忠、而君不レ用、
仲尼、顔淵知、而窮ニ於世一。
劫ニ迫於暴国一、而無レ所レ辟レ之、
則崇ニ其善一、揚ニ其美一、言ニ其
所レ長、而不レ称ニ其所レ短也。

▽六人の有名人をあげて、その逆境について説きます。舜は堯と並ぶ古代聖王。孝己は殷の高宗の時の太子。ともに親孝行の人として知られますが、親から疎外されたそうです。比干は殷の紂王の叔父で、紂王の暴虐を諫めたものの、聞き入れられず殺されました。子胥とは春秋時代の呉の大夫伍子胥のこと。呉の王のためにライバルの楚を伐ちますが、讒言により殺されました。孔子（仲尼はその字）とその愛弟子の顔淵（顔回）はともに智恵の人。しかし、諸国遊説の効果もなく、どこにも仕官することはできませんでした。

こうした不遇の事例をあげて、荀子は、わが身を滅ぼさないようにするためには、世に従うことが大切だと説きます。どんなに孝行や忠義を尽くしても、天がそれに応えてくれるわけではないのです。ことさらに不満を口にするから身が危うくなるのです。どんな世にも良い点があるから、それを見いだすように努力する。それが荀子の考えた処世術でした。

遇と不遇は時なり

この六人のうち、孔子の生涯は、その後継者を自任する荀子にとっても大きな問いとなったようです。孔子の弟子が「なぜ私たちはこんなにも不遇なのですか」と聞いた時の孔子の言葉を、荀子は次のように伝えています。

時世に遇わない者は多い

> 良い君主にめぐり遇うか遇わないかは、時世による。賢人か不肖の者かはその人の才能に関わることだ。古来、博学で思慮深い君子でも、時世に遇わない者は多かった。このことから考えても、時世に遇わない者は沢山いる。どうして私（孔子）だけだろうか。（『荀子』宥坐篇）

夫れ遇不遇なる者は、時なり。賢不肖なる者は、材なり。君子博学深謀にして、時に遇わ

夫遇不遇者、時也。賢不肖者、材也。君子博学深謀、不レ遇レ

ざる者多し。是れに由りて之を観れば、世に遇わざる者衆し。何ぞ独り丘のみならんや。

時者多矣。由レ是観レ之、不レ遇レ世者衆矣。何独丘也哉。

▽かつて孔子は、諸国遊説の途中、七日間も満足に食事をとれないほど困窮したことがあったそうです。弟子の子路が詰め寄りました。「善行をなす者には天が福で報い、不善をなす者には禍を降すと聞いています。今、先生は善行を積まれて久しいのに、どうしてこんなに困窮されるのですか」。

孔子はこれに答えていいました。「智恵ある者は必ず登用されるであろうか。忠義の者は必ず登用されるであろうか。そもそも賢者か愚者かは材（本来の素質）に関わることである。実行するかしないかはその人の問題である。栄達するか不遇に終わるかは時世の問題である。死生は運命の問題である。だから今しかるべき人がいても、その時に遇わなければ、たとえ賢人であってもどうして力を発揮することができようか。逆に、もし時にめぐりあうことができれば、何の困難があろうか。だから君子たる者は、広く学び深く考え、身を修め行いを正して、その時が来るのを待つのである」。

この問答は、天と人との関係を考える上で、とても興味深い内容です。子路の発言は素朴な天命論に基づいています。頑張った人には天から福が与えられ、悪事をなしたものには罰が下るという単純な考え方です。これを天人相関の思想といいます。

これに対して荀子は、天の領域と人の領域にそうした相関関係はないと考えました。実行するかしないかは、確かに人間個々の努力に関わる問題です。しかし、その努力が受け入れられるかどうかは、人ではなく、時に関わる問題です。だから、優れた人間は、頑張ったからすぐに福が下るなどとは考えず、ひたすら努力を重ねて、その時がおとずれるのを待つというのです。

時詘すれば詘す

こうした荀子の考えは、次のような見解にたどり着きました。「時に従って屈伸する」という人生観です。

時の屈伸に従う

君子は、時が至らず屈しているときには屈して時に従い、時が至って伸びるべきときには伸び上がる。

（『荀子』仲尼篇）

君子時詘則詘、時伸則伸也。

君子は時詘すれば則ち詘し、時伸ぶれば則ち伸ぶるなり。

▽「天人の分」を説き、天の運行と人間の言動には関係がないとした荀子は、単純な運命論を持ち出しませんでした。良い行いをしたからすぐに天が報いてくれるということはないのです。しかし努力と忍耐は大切です。時の至るのを待ち、耐えるしかありません。天と人と時との関係は、荀子によってこのようにまとめられたのです。

■コラム　円と方の生き方

「三年飛ばず鳴かず」という言葉があります。新人の会社員やスポーツ選手の成績がぱっとしないときに使われるようですが、もともとの意味は異なります。

　春秋時代の楚の荘王（在位は前六一四～前五九一）は即位して三年間、何の政令も発しませんでした。臣下がその様子を揶揄してこのように言ったのですが、荘王は心の内に大いなる野望を秘めて、その時の至るのをじっと待っていたのでした。「飛べず鳴けず」ではなく、あえて「飛ばず鳴かない」でいたのです。大いなる飛翔の前の忍従という意味です。

　このように、時世に従って言動を変えるべきだという主張は、孔子の言葉として『論語』にも見えます。

「子曰く、邦に道有れば、言を危くし行いを危くす。邦に道無ければ行いを危くして言は孫う」（憲問篇）。

　つまり、国に正しい道が行われているときは、言語も行動も厳しくしてよいが、道が正しく行われていないときは行動は厳しくしても言葉は害にあわぬようおだやかにする、という意味です。孔子の時代は乱世だったので、それを踏まえた言葉でしょうか。しかしそれでも孔子自身は正論を発し続けたのです。

また、時代は下りますが、明代の処世訓『菜根譚』も、世の中のあり方を三つに分けて次のように説いています。

「治世に処りては宜しく方なるべく、乱世に処りては宜しく円なるべく、叔季の世に処りては当に方円並び用うべし」（前集五〇）。

よく治まっている世の中では四角張って生きることができるが、乱世にあっては丸く生き、末の世にあっては、四角と丸の生き方を併用しなければならないというのです。「叔季」（末の世）を持ち出している点が特色でしょう。『菜根譚』の著者洪自誠が生きた時代は明の万暦帝の世。明王朝が崩壊に向かいつつある時でした。末の世では一つだけのやり方では生き延びることはできず、円と方、二つの方法をうまく使い分けていく必要があるということです。洪自誠の生きた時代の息苦しさが伝わってくるかのようです。

そして荀子も、時の屈伸に従うという境地に至りました。時が至らず屈しているときには屈して時に従い、時が至って伸びるべきときには伸び上がるという処世観です。『荀子』の仲尼篇に表明されています。

この「仲尼」とは孔子の字。その篇でこうした処世観が述べられているのは、荀子が孔子の生涯に深く思いを致したからでしょう。あのすばらしい聖人孔子はなぜどの国にも受け入れられず、不遇な一生を送ったのか。そうした自問自答が、この処世観を導いたとも言えるでしょう。

四、新しい世界像を創り出す

荀子は革新性を備えた思想家でした。孔子以来の儒家の伝統を継承しながらも、同じ儒家の孟子の性善説に対して性悪説を説き、従来の素朴な天人観をくつがえして「天人の分」を主張しました。新しい世界像を創り出そうとしたのです。

またそのために、荀子は、他の諸子百家を総括し厳しく批判しました。当然、反発も招いたでしょう。荀子の思想がそのままですべての人々に受け入れられたとは思われないからです。

では、荀子は、当時の為政者たち、思想家たち、そして世間の人々を、どのような言説で説得しようとしたのでしょうか。その手法を明らかにしてみましょう。

(1) 世俗の論者を斬る

堯舜禅譲説は誤り

古代中国で、王位の継承は最重要の政治的課題でした。荀子の活動していた戦国時代、その方式には大きく二つがあるとされていました。

一つは世襲（せしゅう）。王が血縁のわが子や兄弟に王位を継がせるものです。もう一つは禅譲（ぜんじょう）。非血縁の優れた人物に王位を譲るというものです。伝承によれば、古代聖王の堯（ぎょう）から舜（しゅん）へ、舜から禹（う）へは、この禅譲によったといいます。ところが、荀子は、その禅譲伝説は間違いであると否定するのです。

俗説には誤りが多い

世俗で説をなす者は、「堯舜（ぎょうしゅん）は禅譲（ぜんじょう）した」と言うが、それは間違っている。天子たる者は、この上ない権勢を持っていて天下に並ぶ者はいない。そもそも誰に譲ることなどできようか。

（『荀子』正論篇）

世俗の説を為す者曰く、「堯舜は擅譲す」。是れ然らず。天子なる者は、勢位至尊にして、天下に敵無し。夫れ有誰と与に譲らん。

世俗之為レ説者曰、「堯舜擅譲」。是不レ然。天子者、勢位至尊、無レ敵二於天下一。夫有誰与譲矣。

▽天子とは、天から命を受けてこの世を治める有徳の王です。その道徳性や知性は完璧で、天下の誰もがその王に感化され、帰服しているはずです。とすれば、この世に隠れて過ごしている賢者などはいるわけがありません。譲る必要もなければ、譲る対象もいないのですから。

それまでの儒家が理想としてきた禅譲について、荀子はそれが俗説であるとして批判します。確かに、数千年前の出来事を見た者は誰もいないのですから、本当にそのような理想の禅譲があったのかどうか分かりません。たまたま舜という偉大な人がいて、堯の後、政権を継いだに過ぎないのかもしれません。荀子は、古代の王位継承を美化してはならないといいます。儒家は、古代を理想とし、昔のやり方は何でも良かったと賛美しますが、荀子はきわめて冷静でした。

邪説を飾る者たち

また荀子は、当時の諸子百家についても厳しく批判します。その視野の広さは驚くべきものでした。

敵を分類してしまう

> この戦国の世に至って、邪説（じゃせつ）を飾り、よこしまな言葉を言い立て、それによって天下を乱し、人を驚かせるような奇怪なことやごたごたした説で天下を混乱させ、是非や治乱の判断を誤らせてしまうような者が、この世には確かにいるのである。
>
> （『荀子』非十二子篇）

今の世に仮りて、邪説を飾り、姦言を文り、以て天下を梟乱し、矞宇嵬瑣、天下をして混然として、是非治乱の存する所を知らざらしむる者、人有り。

仮㆓今之世㆒、飾㆓邪説㆒、文㆓姦言㆒、以梟㆓乱天下㆒、矞宇嵬瑣、使㆓天下混然、不㆑知㆓是非治乱之所㆑存者、有㆑人矣。

▽これは「非十二子」という諸子百家批判を主題とする篇の、その冒頭の言葉です。世を欺き惑わす、とんでもない輩がいると断言します。そして以下、二人ずつペアにして、六つの学派計十二人を痛烈に批判しています。それらをまとめてみましょう。

・它囂と魏牟……性情をほしいままにし、禽獣のごとき振る舞いをする。
・陳仲と史鰌……世俗と違う言動を高尚なことだと勘違いしている。
・墨翟と宋銒……国家の準則である礼儀法度と必要な差等を無視し、倹約のみを唱える。
・慎到と田駢……法を尊重しながら自らは法を無視し、人為的な努力を軽んじる。

・恵施と鄧析……不可解な言説を好み、役に立たぬ奇異の言辞を弄する。
・子思と孟軻……おおむね先王の道に則っているが、分かりにくい言葉で、それを孔子の説だと公言している。

この内、它囂や魏牟のように、今ではその記録がほとんど伝わっていない人物もいますが、彼らはいずれも当時の著名な思想家だったのでしょう。

墨翟とは、墨子のこと。「必要な差等を無視する」というのは、彼の説いた「兼愛」を指します。儒家は親しく近しい者を手厚く愛し、疎遠になるほど、その愛が薄くなるという自然な愛を説きました。これに対して、墨子は、自分を愛するように他者を愛すべきだと説きます。これが「兼愛」です。しかし荀子は、そうした差別のない愛を認めません。親子や君臣といった親しい関係の中で愛が厚くなるのは当然なのに、それを認めないというのでは、動物と変わらないというのです。

また墨子が「倹約のみを唱える」というのは「節用」「節葬」「非楽」の思想を指すでしょう。墨子は、儒家の説く礼が時に華美になり、特に王の挙行する壮大な儀式、王や貴族に対する過度な葬儀、大オーケストラによる音楽などが国家経済を破綻させるとして批判しました。しかし荀子は、人間としての礼節を守るために儀式も葬儀も音楽も必要だと考え、墨子の思想は人間の素朴な感情を無視するものだとして逆に痛烈に批判するのです。

慎到は、韓非子に先立つ戦国時代中期の思想家で、法治主義の観点から「勢」の重要性を説きました。これが韓非子によって強化され、王の権勢として法治を支えるに至ります。しかし荀子は、「勢」に任すという点を捉えて、それは自然に因循することで法治ではなく、彼らは法を唱えながら自ら法を捨て去っているのではないかと指摘するのです。

恵施や鄧析は論理学派として知られる思想家でした。「名家」と呼ばれます。名家は、名称と実態との関係について鋭い考察を加えましたが、その理屈が難解だということで、しばしば詭弁だと批判されます。ここでも荀子は、彼らの議論が、不可解で奇異で役に立たないものだと切り捨てています。

これらは、儒家以外の諸子ですが、興味深いのは、儒家の子思と孟子も批判対象になっていることです。子思は孔子の孫。『中庸』は子思学派の著作だとされます。孟子は言うまでもなく、戦国時代の中期に性善説を唱えた思想家。孔子の教えを継承しつつ儒家の地位の確立に努めました。ところが荀子は、彼らの説が実は孔子の教えとは違うのに、あたかも孔子直系の弟子のように扱われていると批判します。自分こそが、孔子の思想を継承する者だという自負があったのでしょう。言わば近親憎悪です。

しかも、これら十二子に共通するのは、いずれももっともらしい理屈をこね、愚かな民衆を惑わしているという点です。聞くだにおかしい議論なら、誰も信用はしないでしょう。しかしこれらの諸子は、それなりの能力を持った思想家でした。言うことには一定の筋道があり、弁論にはよどみがありません。だからこそ始末に負えないと荀子は批判するのです。

また、荀子の頭脳がシャープだと思われるのは、こうした分類の発想です。二人ずつペアにしてレッテルを貼りました。それまでは、まさに「諸子百家」でした。一人ずつ別々だった思想家たちが、荀子によって分類され、安い値札を付けられたわけです。まとめられた方は心外だったかもしれませんが、世間の人々は、こうした分類や格付けで当時の思想界をよく理解できるようになったでしょう。

同じように「解蔽」という篇でも、諸子百家は、なで斬りにされています。「解蔽」とは、一つのものに蔽われてしまった心を解きほぐすという意味です。

まとめて斬る

昔、賓客となって心のおおわれた者は、世を乱す諸子百家どもがそれである。墨子（墨翟）は節用ということにおおわれて文飾の大切さを知らなかった。宋子（宋鈃）は寡欲ということにおおわれて収益の大切さを知らなかった。慎子（慎到）は法律至上主義におおわれて賢者の大切さを知らなかった。申子（申不害）は勢説におおわれて智恵の大切さを知らなかった。恵子（恵施）は言葉におおわれて実質の大切さを知らなかった。荘子（荘周）は天におおわれて人を知らなかった。

（『荀子』解蔽篇）

昔賓孟の蔽わるる者は、乱家是れなり。墨子は用に蔽われて文を知らず。宋子は欲に蔽われて得を知らず。慎子は法に蔽われて賢を知らず。申子は勢に蔽われて知を知らず。恵子は辞に蔽われて実を知らず。荘子は天に蔽われて人を知らず。

昔賓孟之蔽者、乱家是也。墨子蔽二於用一而不レ知レ文。宋子蔽二於欲一而不レ知レ得。慎子蔽二於法一而不レ知レ賢。申子蔽二於勢一而不レ知レ知。恵子蔽二於辞一而不レ知レ実。荘子蔽二於天一而不レ知レ人。

▽痛快な批判です。取り上げられている人々は、当時を代表する思想家たち。それを片っ端から切り捨てています。

この内、墨子（墨翟）と宋子（宋銒）と恵子（恵施）は非十二子篇でもまとめて批判されていました。

慎到も同様ですが、ここでは「法におおわれて賢を知らない」者とされています。これはどういうことでしょうか。

「勢」説を提唱したことで慎到は有名ですが、その前提には法治主義があります。法治とは、儒家の説く徳治（とくち）を批判するものでした。徳治とは、有徳の王と優れた臣下たちによって国政を運営し、人民がおのずからその人徳に従い、帰服するというものです。しかし、法家の人々は、そうした有徳者は百年に一度現れるかどうかで、また人民も、有徳者に感化されるような徳性を備えているとは限らないと考えました。そのような政治は特定の人に頼る「人治（じんち）」であって、非常に不安定なものだと批判します。しかし荀子は、慎到のこうした法律至上主義を、せっかくの賢人をないがしろにする狭い了見だというのです。

また荘子は、老子とともに無為自然（むいしぜん）を説いた道家の思想家です。人間の認識能力や価値判断に懐疑的で、天のもとでは人間はちっぽけな存在に過ぎないと主張しました。この点をとらえて荀子は、「人を知らない」と批判するのです。

このように、荀子は当時の著名な思想家たちを広く見渡して、漏れなく批判しました。自分の説の正当性を主張しようとする場合、必要なのは、その説と対立する論敵、あるいは対立しそうな仮想敵をすべてつぶしておくことです。えてして自説を誇ることだけになりがちな中で、荀子の周到さは見事です。反論の余地を与えません。さすがは斉（せい）の稷下(しょくか)で学長職を務めただけのことはあります。稷下には、様々な思想家たちが集まり、情報を把握しやすいという利点もあったのでしょう。それにしても、その視野の広さ、見事な分類、的確な批判は傾聴に値します。

（2）儒家の存在意義

それでは、こうして他者を批判する荀子は、自身のよって立つ基盤、すなわち儒家の思想について、どのような存在意義を見いだしていたのでしょうか。ここが弱いと、簡単に再批判を招いてしまうでしょう。

儒者は役に立つのか

秦の昭王(しょうおう)との問答が次のように記されています。儒者は役に立つのかという問いに、荀子の答えは明快でした。ひとたび任用されれば、必ず国の役に立つといいます。

国に利を与えることができる者

秦の昭王が荀子にたずねて言った、「儒者は人の国に何の利益も与えないのか」と。荀子は言った、「儒者は先王に則り、礼儀を尊重し、臣下を戒め、つとめて君主を尊ばせるものです。君主が儒者を採用すれば、朝廷に勢位を得て良き政治に努め、任用されなければ野に下り、民衆にまじって実直にし、必ず従順に努め、たとえ困窮し凍え飢えようとも、間違ったやり方で利を貪るようなことはありません」。

（『荀子』儒效篇）

秦の昭王孫卿子に問いて曰く、「儒は人の国に益無きか」。孫卿子曰く、「儒者は先王に法り、礼義を隆び、臣子を謹ましめて其の上を貴ぶことを致むる者なり。人主之を用うれば、

秦昭王問二孫卿子一曰、「儒無レ益二於人之国一」。孫卿子曰、「儒者法二先王一、隆二礼義一、謹二乎臣子一而致レ貴二其上一者也。

則ち勢本朝に在りて宜しく、用いられざれば、則ち退いて百姓に編して愨。必ず順下を為し、窮困凍餒すと雖も、必ず邪道を以て貪を為さず」。

人主用レ之、則勢在二本朝一而宜、不レ用、則退編二百姓一而愨。必為二順下一矣、雖二窮困凍餒一、必不下以二邪道一為上レ貪」。

昭王は戦国時代の秦の君主（在位は前三〇六～前二五一）。始皇帝の曾祖父にあたります。興味深いのは、「儒者は国に何の利益も与えないのか」という冷たい問いです。当時、「法治」を強力に進めていた秦にとって、儒家とは古くさい道徳を持ち出し、古典を賛美するだけの頭の堅い思想集団で、特に国政の役に立つとは思われていなかったのでしょう。

これに対して荀子は、ひとたび任用されれば、必ず役に立つと宣言します。具体的には、礼儀の力によって、君臣の秩序を正すというものです。確かに、法（賞罰）によらずとも、儒家の重んずる礼楽によって、親子や君臣の上下の秩序は正されるでしょう。この点を荀子は強調しているのです。

後の時代のことではありますが、漢帝国の創始者劉邦(りゅうほう)は、もともと地方役人に過ぎなかったのですが、楚(そ)の貴族項羽(こうう)との戦いに勝利して漢の初代皇帝に就きました。その時、儒家が立派な服装や儀式で王位を飾ってくれたことにより、はじめて皇帝としての実感を抱いたと告白しています(『史記』叔孫通(しゅくそんとう)列伝)。儒家の効用でしょう。

孔子の道

また儒家の開祖孔子について、荀子は、諸子百家の中で唯一、心がおおわれなかった人だと主張します。

おおわれない心

孔子は仁と智を備えていて心がおおわれなかった。だから様々な技術を学んで、それにより先王の道を修得することができた人である。ただこの儒家のみが普遍的な道を体得し、これを掲げ用いて既存の思想におおわれることがなかった。よってその徳は周公に等しく、名声は三王に並んだのである。これがおおわれることのなかった福である。

（『荀子』解蔽篇）

孔子は仁知にして且つ蔽われず。故に乱術を学びて、以て先王を為むるに足る者なり。一家のみ周道を得、挙げて之を用いて、成積に蔽われず。故に徳は周公と斉しく、名は三王と並ぶ。此れ蔽われざるの福なり。

孔子仁知且不レ蔽。故学二乱術一、足三以為二先王一者也。一家得二周道一、挙而用レ之、不レ蔽二於成積一也。故徳与二周公一斉、名与二三王一並。此不レ蔽之福也。

▽諸子百家はみな心がおおわれた者たちで、真実の一面しか見ておらず、それにとらわれてあれこれと説をなし、民衆を惑わしていると荀子は批判しました。ただ孔子のみは違っていたといいます。人徳と知性を備え、先王の道に通達していたと。

周公とは、周の文王の子、武王の弟で、武王の子の成王を補佐して周王朝の礎を築いた聖人です。賢人を求め尊ぶ故事が、「吐哺握髪」として知られます。来客があった際、食事中であれば口の中のものを吐き出し（吐哺）、髪を洗っている時であれば、濡れた髪を握ったまま（握髪）客人を出迎えたという故事です（『韓詩外伝』）。孔子の人徳はこの周公に匹敵するといいます。

また三王とは、夏殷周三代の王。すなわち夏の禹王、殷の湯王、周の文王・武王です。孔子の名声はこの三王に並ぶといいます。他の諸子百家ではなしえないことでした。

名を正す

また、もう一つ、儒家の特長として「正名」の思想があります。正名とは、名を正すということ。実態に合わせて名分を整え、世界の安定をはかるという思想です。

名を定める手順

後王の定めた名は、刑罰の名称は商（殷）に従い、爵の名は周に従い、礼節の名は周の儀礼に従う。万物に付けられる様々な名称は、中華の既存の習俗に従い、遠方で習俗を異にする土地ともつぶさに照らし合わせ、中華の名称に従って通用させるようにする。

（『荀子』正名篇）

後王の成名は、刑名は商に従い、爵名は周に従い、文名は礼に従う。散名の万物に加わる者は、則ち諸夏の成俗に従い、遠方異俗の郷に曲期すれば、則ち之に因りて而て通を為す。

後王之成名、刑名従レ商、爵名従レ周、文名従レ礼。散名之加ニ於万物一者、則従ニ諸夏之成俗一、曲ニ期遠方異俗之郷一、則因レ之而為レ通。

▽後王というのは、従来の儒家が伝説上の「先王」を礼賛するのに対して、現実的な今

（周王朝）の王を指したものとされます。その後王は、様々な名称を慎重に制定し、秩序の回復を図ったというのです。

かつて孔子も、弟子との問答でこう言っていました。

弟子の子路が、「もし国政に参画することができるとすれば、先生は何を真っ先になさいますか」とたずねたところ、孔子は、「名を正そう」と答えました。もっと現実的な回答を期待していた子路は、回りくどいことだとあきれてしまったのですが、孔子は、以下のように解説しました。

名を正さないと言葉が乱れる。言葉が乱れれば、事業は成就しない。事業が成就しなければ礼楽は興らない。礼楽が興らなければ、刑罰が不当となる。刑罰が不当となれば、民は身の置き所がなくなると。孔子はこのような段階を説明し、政治の根本に、名を正すことが必須だと主張したのです（『論語』子路篇）。

荀子も、後王による正名を説き、儒家の本領として「名を正す」ことを指摘しました。

後王の道

そうした後王のあり方が荀子の理想でした。また、儒家が他の諸子百家に比べて優れているのは、まさにこの点にあったというのです。

現実的な手本を求める

最上の治世の極みは、後王の道への復帰である。慎到・墨子・季子・恵施など諸子百家の説は実によくない。（『荀子』成相篇）

至治の極は後王に復す。慎墨季恵、百家の説は誠に不詳なり。

至治之極復二後王一。慎墨季恵、百家之説誠不詳。

▽またしても、慎到や恵施など、諸子百家が批判されています。彼らは、勝手な理屈をこねるだけで、世界を混乱させているといいます。一見立派そうな言説なので、愚かな王や民衆は騙されてしまうのです。だから後王を手本にしようと荀子は説いたのです。

中道をとる

さらに「中道」も、儒家の得意とするところでした。

中道を得た仕事と言葉

すべて事業を実施する際、治世に利益となるものはこれを立て、無益なものは廃止する。これを中事（中道を得た事業）という。すべて智恵に基づく説は、利益となるものはこれを行い、無益なものは捨て去る。これを中説（中道を得た言説）という。中道を失った事業を姦事といい、中道を失った言説を姦道という。姦事・姦道は、治世にあっては棄てるべきものであり、乱世でのみ従われるものである。

（『荀子』儒效篇）

凡そ事行の、理に益有る者は之を立て、理に益無き者は之を廃す。夫れ是れを之れ中事と謂う。凡そ知説の、理に益有る者は之を為し、理に益無き者は之を舎つ。夫れ是れを之れ中説と謂う。事行中を失う、之を姦事と謂い、知説中を失う、之を姦道と謂う。姦事、姦道は、治世の棄つる所にして、乱世の従服する所なり。

凡事行、有レ益二於理一者立レ之、無レ益二於理一者廃レ之。夫是之謂二中事一。凡知説、有レ益二於理一者為レ之、無レ益二於理一者舎レ之。夫是之謂二中説一。事行失レ中、謂二之姦事一、知説失レ中、謂二之姦道一。姦事、姦道、治世之所レ棄、而乱世之所二従服一也。

▽一方に偏らない適正な道に従うことが大切です。仕事も言葉もそれによって世界に利益を与えることができるのです。過激な言葉、奇矯な行動は、儒家のとらないものでした。孔子も「中庸」を得た人であったとされます。他の諸子百家に比べて、この中庸・中道こそは儒家の誇るべき美点でした。

君子の条件

こうした儒家の理想を体現した人、それが君子(くんし)です。『荀子』でもたびたび君子のあり方が説かれてきました。ただ君子とは、特殊能力を備えた超人ではありません。荀子が理想とした君子とはどのような人だったのでしょうか。君子と小人(しょうじん)を対比しながら次のように説いています。

君子は不器用なるもまたよし

君子は(知的で特殊な)才能がある者もすばらしく、また才能がない者もすばらしい。これに対して小人は才能があればあったで見苦しく、才能がなければなおさら醜(みにく)い。君子は才能があれば寛容でおだやかでまっすぐであり、他人に道を開き導いてやる。才能がなければうやうやしく慎ましやかで、他人にへりくだって従うようにする。これに対して小人は才能があると傲慢でひがみかたより、他人に対して分際を超えた態度を取り、才能がなければ嫉妬深く怨みそしり、他人を陥れようとする。それゆえにいう、「君子は才能があれば、人はその人に学ぶことを栄誉とし、才能がなくても、人はその人に告げる（教える）ことを楽しみとする。これに対して小人は才能があっても、人はその人に学ぶことを嫌い、才能がなければ、人はその人に告げることを恥とする」と。これが君子と小人の分かれ目である。

（『荀子』不苟篇）

君子は能あるも亦た好く、不能なるも亦た好し。小人は能あるも亦た醜く、不能なるも亦た醜し。君子能あれば則ち寛容易直にして、以て人を開道し、不能なれば則ち恭敬縛絀して、以て人に畏事す。小人能あれば則ち倨傲僻違にして、以て人に驕溢し、不能なれば則

君子能亦好、不能亦好。小人能亦醜、不能亦醜。君子能則寛容易直、以開二道人一、不能則恭敬縛絀、以畏二事人一。小人能則倨傲僻違、以驕二溢人一、不能則妬嫉怨誹、以傾二覆人一。

故曰、君子能則人栄レ学レ焉、不能則人楽レ告レ之。小人能則人賤レ学レ焉、不能則人羞レ告レ之。是君子小人之分也。

ち妬嫉怨誹して、以て人を傾覆す。故に曰く、君子能あれば則ち人焉に学ぶことを栄とし、不能なれば則ち人之に告ぐることを楽しむ。小人能あれば則ち人焉に学ぶことを賤しみ、不能なれば則ち人之に告ぐることを羞ずと。是れ君子小人の分なり。

▽君子と小人の違いを対比的に説いています。意外なのは、君子は才能があればすばらしいが、才能がなくてもまたよいとする点です。つまり、君子とは「徳」を持っていることが大切で、必ずしも知識人（物知り）である必要はないというのです。有徳者であれば、知識の多少にかかわらず、人当たりがよく、こちらも心豊かになれるような気がします。そのような人物を『荀子』は推奨しています。

これに対して、徳のない「小人」は、こざかしい智恵を持っていれば、それはそれで傲慢不遜となり、また知識がなければ、もうどうしようもありません。付き合うだけこちらが損をするような下品な人間です。

儒家の理想を体現する「君子」になりたいものです。

荀子の目指した新しい世界

荀子はこうして儒家思想の効用を説きつつ、諸子百家をあまねく批判しました。ただ、単なる先祖返りを主張したのではありません。その理想は後王の政治としてこの世に実現されるべきものだと言うのです。

また荀子は自らを孔子の正しい後継者としながらも、一方で、孟子の性善説に対して性悪説を説き、仁や義ではなく礼による統治を提唱し、素朴な天信仰を批判して「天人の分」を唱えました。荀子の思想は、従来の儒家思想という大きな土俵に軸を置きながらも、片足を一歩、土俵の外に踏み出したものでした。そこから見える風景はかなり違ったものだったでしょう。それこそが荀子の目指した新しい世界像だったのです。

■コラム　宥坐の器

儒家の主張した道徳に「中庸」がありました。「過ぎたるは猶及ばざるが如し」とは、『論語』に見える孔子の言葉です。ただ、そうはいっても、なかなか「中庸」の具体的イメージはつかめません。

そこで『荀子』は、「宥坐」という篇で、次のようなエピソードを紹介しています。

孔子が魯の桓公（在位前七一一～前六九四）の廟を参拝していると、そこに傾いた器が吊されていました。孔子が廟の管理人に聞きました。「これは何という器ですか」。管理人が言うには、「これは宥坐の器というものです」。

孔子は言いました。「私は聞いています。宥坐の器とは、空の時には傾き、ほどよい水位で正しくなり、いっぱいになるとひっくり返ってしまうと」。孔子は振り返って水を注ぐよう言いました。弟子が水を汲んで注いだところ、孔子の言葉通り、ほどよい水位で正しい位置となり、さらに水を注ぐとひっくり返り、空になって傾きました。孔子はため息をついて感嘆して言いました。「ああ、どうしていっぱいになってひっくり返らないものがあろうか」。

弟子の子路が言いました。「あえておうかがいします。いっぱいの状態を保つ方法がありましょうか」。孔子は答えて言いました。「すばらしい智恵のある者は、これを守るのに愚を装い、功績が天下を占めるような場合には、これを守るのに譲るということを旨とし、勇気や力が世をおおうような場合には、これを守るのに臆病な態度を取り、富が世界を保有するほどである場合には、これを守るのに謙遜を旨とする。これがいわゆる抑えて減らすという方法です」。

史跡足利学校

これが有名な「宥坐の器」の話です。宥坐とは身近に置いて戒めにするという意味。荀子は、孔子の故事を借りて、「中正」の重要性を説いているのです。

いっぱいいっぱいの状態が危険だという思想は、老荘思想にも通ずる点があります。何

宥坐の器（史跡足利学校）

も持たないという「無」の状態がよいというのです。また明代の処世訓『菜根譚』も、「盈満の咎」という言葉で人々を戒めています。「盈満」とは「みつる」こと。それがいかに危険であるかを説いているのです。多くの金品を持っていれば、いつもびくびくしていなければなりません。またそれを失った時のショックも大きいというのです。

しかし、ここで荀子が言っているのは、老荘的な「無」の教えではありません。「中正」、つまり、ほどよいという意味で、別の言葉で言い換えれば、「中庸」ということでしょう。

実は、孟子も、かつて孔子に対して、こんな批評をしています。

仲尼は已甚だしきことを為さざる者なり。

（『孟子』離婁下篇）

仲尼は孔子の字。孔子は過激なことをしない、中庸をわきまえた人であったという意味。「宥坐の器」は、中正の大切さを表しているとともに、孔子その人の生き様をも象徴していたのです。

この器によって「中庸」「中正」の具体的なイメージをつかむことができるでしょう。実際に水を注いでみたい方は、栃木県足利市にある史跡足利学校に行かれるとよいでしょう。

孔子廟大成殿向かって右側の方丈。かやぶき屋根・寄せ棟造りの建物で、ここにある宥坐の器の下には、実際に水が張られていて、ひしゃくで水を注ぐ体験ができるようになっています。是非ここで立ち止まって、水を注いでみましょう。孔子の言ったとおり、水を入れすぎると器がひっくり返るのがわかります。孔子の弟子たちも、水を注いで「中庸」の大切さを体感したのでしょうか。

第二部　『荀子』の思想に学ぶ

一、性善説と性悪説

誤解される性善説・性悪説

孟子の性善説に対して、荀子の性悪説。高校の教科書にも載っている有名な学説です。そして両者は相対立するものとして理解されています。

その使われ方はどうでしょうか。たとえば、新聞記事などでよく見かけるのは次のような表現です。

・教育関係者は嘘をつかない人だという性善説で信頼していたのに裏切られた。
・はじめから性悪説で疑ってかかるようなことはしなかったから不正が見抜けなかった。

こうした対比的な使い方にはかなり問題があるでしょう。人を善か悪かで決めつけ、二分してしまっているからです。荀子の性悪説も、人間の根源的な悪を指摘するというよりは、礼や学問によって人は善人になりうると説く点に特徴がありました。人間の可能性を認めるという点では、孟子と荀子にそれほどの違いはないとも言えましょう。

性善説への痛烈な批判

ただ、荀子は、孟子の性善説を厳しく批判しました。それはなぜでしょうか。『荀子』性悪篇の言葉を見てみましょう。

> 孟子は「人の性は善である」というが、それは間違っている。およそ昔から今に至るまで世間で善というものは、正しく平和に治まっている状態のことである。これに対して悪というものは、偏り乱れている状態のことである。これが善と悪の分かれ目である。今、本当に人の性としてもともと正しく平和に治まっていると思うのか。そうであるなら、どうして聖王の出番があろうか。どうして礼儀の必要があろうか。聖王や礼儀があっても、もともと正しく平和に治まっていると

ころに何を加えようというのか。ところが実態はそうではなく、人の性は悪なのである。だから昔の聖王は人の性が悪であることによって、偏って正しくなく、背き乱れて治まらないのだと考えた。そこでこれを正すために君主の権勢を確立して人々に臨み、礼儀を明らかにして人々を教化し、法規を定めて人々を治め、刑罰を重くして人々を禁じ、天下の人々がみな正しく治まり、善に合致するようにさせたのである。これが聖王の政治であり、礼儀による教化なのである。

（『荀子』性悪篇）

孟子曰く、「人の性は善なり」と。曰く、是れ然らず。凡そ古今天下の所謂善なる者は、正理平治なり。所謂悪なる者は、偏険悖乱なり。是れ善悪の分なり。今誠に人の性は固より正理平治なりと以えるか。則ち有悪んぞ聖

孟子曰、「人之性善」。曰、是不レ然。凡古今天下之所謂善者、正理平治也。所謂悪者、偏険悖乱也。是善悪之分也矣。今誠以ニ人之性固正理平治一邪。

王を用いん、悪んぞ礼義を用いんや。聖王礼義有りと雖も、将た曷んぞ正理平治に加えんや。今然らず、人の性は悪なり。故に古者聖人の人の性は悪なるを以て、以て偏険にして正しからず、悖乱にして治まらずと為す。故に之が為に君上の勢を立てて以て之に臨み、礼義を明かにして以て之を化し、法正を起こして以て之を治め、刑罰を重くして以て之を禁じ、天下をして皆治に出で、善に合せしむるなり。是れ聖王の治にして礼義の化なり。

則有悪用聖王、悪用礼義哉。雖有聖王礼義、将曷加於正理平治也哉。今不然、人之性悪。故古者聖人以人之性悪、以為偏険而不正、悖乱而不治。故為之立君上之勢以臨之、明礼義以化之、起法正以治之、重刑罰以禁之、使天下皆出於治、合於善也。是聖王之治而礼義之化也。

▽このように、荀子の言説は、当時の世界とそこに至るまでの歴史に目を向けたもので

した。この世は孟子の言うように「おのずから」治まっているのではないと言うのです。古代の聖王の教育や礼儀による統制があるからこそ、人々は正しい道を歩むことができるのではないかと説きます。人々を正しくするもの。それこそ「聖王の政治」「礼儀による教化」なのであり、それなくして「おのずから」人々が善に目覚め、一斉に正しくなることはないというのです。きわめて現実的な考え方でしょう。こうした立場から見れば、孟子の性善説はあまりに楽観的な学説と感じられたのでしょう。

四配（史跡足利学校）

その後の歴史と性悪説

しかし、歴史は孟子の性善説に軍配を上げました。後に孔子が儒教の祖として祀られるようになると、その脇に四人の人々も合祀されます。それは、顔回、曾参、子思、孟子の四人で「四配」と呼ばれました。顔回は孔子最愛の弟子、曾参も孔子の弟子で

「孝」にすぐれ『孝経』の著者とされる人、子思は孔子の孫で『中庸』の著者とされる人、そして性善説を説いた孟子です。

孔子を祀る孔子廟では、孔子の像と四配が見られます。たとえば、中国曲阜の孔子廟では、中央奥に孔子像、そして手前東側に顔回と子思、西側に曾参と孟子がそれぞれ内側に向かい合って祀ってあります。

右頁に掲げたのは、栃木県の史跡足利学校の四配（木像）です。孔子と四配とがともに正面を向いています。

宋代になり、『孟子』はさらに高く評価されます。『大学』『中庸』『論語』とあわせて「四書」と総括され、儒教の最重要テキストとなったのです。そして孟子も、「孟子廟」において祀られました。

孟子像

現在、中国山東省にある「孟子廟」は、北宋時代（一〇三七年）に創建されたもので、宋・元・明時代に増改築を繰り返し、清の康熙五十四年（一七一五）に現在の規模に至ったものです。敷地内には、清の康熙帝の碑文が「康熙碑亭」とし

「孟母三遷」などの石碑

て保存されており、孟子を祀る正殿には「亜聖殿」の額がかかっています。「亜聖」とは、孔子につぐという意味です。

また、「孟母三遷」や「孟母断機」の碑も立っています。これらはともに孟子のお母さんにまつわる故事で、事実だったかどうかはわかりませんが、「孟母三遷」とは、孟子のお母さんが三度住居を変えて孟子の教育につとめたことを言います。

はじめ孟子の一家は、墓地の近くに住んでいましたが、その影響で、幼少の孟子は葬式ごっこをして遊びました。そこで市街地に転居すると、今度は商売のまねをして遊ぶようになりました。そこで最後は学校のそばに移ったという話です。

もう一つの「孟母断機」は、勉強を途中で投げ出して帰ってきた孟子に対し、お母さんが機で織りかけていた布を断ち切って、勉強を中断するのはこれと同じだといって戒めたという話です。これも、学業を継続することの重要性とともに、孟子のお母さんの教育熱心さを伝える故事です。二つとも、前漢末の劉向（前七七～前六）が編纂した『列女伝』に記されているので、孟子自身というよりは、孟子のお母さんに注目する説話ですが、いずれにしても、孟子自身も高く評価されていったのです。

このように孟子が顕彰される一方で、荀子は「四配」に入れませんでした。「性悪」という、あたかも人間不信を説いているかのような思想が、後の人々には受け入れられなかったからでしょう。

二、礼と法はどう違うか

礼と法は、ともに外から人を規制するものです。ただ、まったく同じではありません。どのような違いがあるのでしょうか。

礼による規制

そこでまず、儒教の経典『礼記（らいき）』に記される礼の具体的な規定を取り上げてみましょう。

・子どもは、室内に居るときには室（へや）の奥に座らない。道を行く場合は真ん中を歩かない。
・大夫（たいふ）と士（し）は、役所の門を出入りする時には、門内の右側を通り、敷居を踏まない。
・先生の書物や琴などが前にある場合は、ひざまずいてこれを脇へ寄せ、それらをまたいで進んではならない。

このように、実にこまごまと記されています。その言動の主体は誰か、また誰に対する礼なのかによっても規定は異なります。たとえば、子が部屋の奥に座らないというのは、そこが主人（親）の座るべき場所だからでしょう。また弟子が先生の持ち物（書物や楽器）をまたいでいかないというのも、よく分かる気がします。

こうした規定を守れない人は、「失礼」で「無礼」で非常識な人となるわけです。さらに、文献には明記されていない礼もあるでしょう。暗黙の了解によって共有されているものです。それらの総体が礼なのです。荀子も、心にかなうものはみな礼だと言っていました。

始皇帝の法

これに対して、法はどうでしょうか。たとえば、秦の始皇帝時代の法を取り上げてみましょう。

・民は田舎（農作業のために作られた小屋）に居住している際、酒を売買してはならない。長官はそれを厳重に取り締まれ。令に従わない者は、罪に問う。

・四月・七月・十月・正月に、飼っている牛の品評をせよ。最も成績が悪かった者はむち打ち三十回とする。

・親が子を殺した場合は、入れ墨を施した上で、城旦（万里の長城建設などの重労働刑）に処す。

農作業小屋での酒の売買が禁じられているのは、密造の防止ということもあるでしょうし、飲酒による労働意欲の低下を懸念するという意味もあるでしょう。売買に直接関与した者だけではなく、その管理者の責任も問う内容となっています。

三ヶ月に一度の牛の品評は、家畜の適正な管理を促し、牛の順調な生育を期待するものでしょう。酪農・農耕にとって牛は大切な動物でした。富国強兵を目指した秦の法律として興味深い内容です。品評の結果、最下等の者はむち打ち三十回とは、何とも具体的な罰則です。

子殺しが死刑ではなく労役刑とされているのは、決して人道的配慮からではないでしょう。富国強兵・人口増加という観点から、労働力・戦闘力の低下を憂えてのことだと推測されます。だから、死刑とはせずに、「城旦」という万里の長城建設などの重労働を課したのです。

こうした秦の法律については、これまでその実態が分からず、ただ苛酷だったという印象のみが伝えられ、批判されてきました。ところが、一九七五年に、中国湖北省から秦帝国成立前後の法律関係文書（竹簡）が出土しました。これを睡虎地秦墓竹簡といいます。それにより、秦の具体的な法律の中身が分かるようになったのです。「城旦」に関わる具体的な法律も、この竹簡によって明らかになりました。

これらの法律は、万民を一律の対象にして、「〇〇せよ」とか「〇〇してはならない」と規定し、もしそれに違反した場合どのような罰則があるかも明示しています。ここが礼との大きな違いでしょう。礼の場合は、道の真ん中を歩いたり、敷居を踏んだり、先生の本をまたいだりすれば「非礼」となりますが、刑に処せられることはありません。あくまで人の心に問いかけるのです。

礼を積めば上品になる

人間の心に期待した荀子は、礼による統治を提唱し、決して法治に委ねようとはしませんでした。礼も法も外から人間を規制するものだとは言っても、そこには大きな違いがあったからです。

そして、この礼を遵守できるのが「士君子」であり、さらに充分に体得している者が「聖人」と呼ばれました。『荀子』はこういっています。

人が礼を保持すれば「士君子」となり、礼に外れる者は一般の「民」となってしまう。この礼の中において、あまねく行き渡り、その秩序を体得している者が「聖人」である。聖人の徳が厚いのは、礼の積み重なったためである。その徳が大きいのは、広く礼を積んでいるからである。その徳が高いのは、礼を尊んでいるからである。その徳が明らかであるのは、礼を尽くしているからである。詩に「礼儀言動がことごとく法度にかなっていて、笑うも語るもことごとく正しきを得ている」とあるのは、このことを言ったものである。

（『荀子』礼論篇）

人是れを有てば、士君子なり。是れに外るるは、民なり。是の其の中に於て、方皇周挟し、其の次序を曲得するは、是れ聖人なり。故に厚なる者は、礼の積なり。大なる者は、礼の広なり。高なる者は、礼の隆なり。明なる者は、礼の尽なり。詩に曰く、「礼儀 卒く度あり、笑語 卒く獲」とは、此れの謂なり。

人有レ是、士君子也。外レ是、民也。於二是其中一焉、方皇周挟、曲二得其次序一、是聖人也。故厚者、礼之積也。大者、礼之広也。高者、礼之隆也。明者、礼之尽也。詩曰、「礼儀卒度、笑語卒獲」、此之謂也。

▽人間の品格は礼の積み重ねによって厚くなるといっています。礼を尊び実践している人には「品」があります。笑い方、話し方、立ち居振る舞い、すべてが正しく美しく、他人に好感を与えます。

なお、ここにいう「詩」は、『詩経』小雅・楚茨篇の言葉で、『荀子』脩身篇にも引用されている名句です。

三、荀子から韓非子へ、そして始皇帝へ

荀子と韓非子

紀元前二二一年、秦の始皇帝によって秦帝国が誕生しました。戦国の乱世に終止符が打たれたのです。その直前に活動した荀子と韓非子は、この秦帝国の成立に大きく関わった思想家でした。

礼による統治「礼治（れいち）」を説いた荀子は、韓非子の師だったとされます。韓非子は、先生の教えを受けながらも、さらに一歩を進めて、法による統治「法治（ほうち）」を主張するに至ります。韓非子の思想は竹簡に記され、それが秦に伝わり、秦王政が読んで大いに感動しました。「この人と親しく会談することができたら死んでも悔いはない」とまで言ったそうです。荀子から韓非子へ、そして始皇帝へとつながって、歴史の歯車が動いたのです。

では、始皇帝が感動したという韓非子の思想とは、どのようなものだったのでしょう

か。それは、世を統治し、人を動かす術でした。『荀子』の思想と対比するために、以下では韓非子の言葉に耳を傾けてみましょう。

韓非子の思想

まず大事なのは、自分の能力と実情をさらけ出さないことです。韓非子はこういいます。「智恵があってもひけらかさない」と。

> 智恵があってもそれを用いてあれこれ考えず、万民にその分際をわきまえさせる。賢徳(けんとく)があってもそれを行わず、臣下が何に基づいて行動するのかを見定める。勇気があっても自分からは怒らず、群臣に武勇を尽くさせる。よって君主は智恵を取り去ってこそ明らかになり、賢徳を取り去ってこそ功績があがり、勇気を取り去ってこそ兵を強くすることができる。群臣は職分を守り、役人は規律に従い、能力に応じて使う。これを常道(じょうどう)という。
>
> (『韓非子』主道篇)

智有りて而も以て慮せず、万物をして其の処を知らしめ、賢有りて而も以て行わず、臣下の因る所を観、勇有りて而も以て怒らず、群臣をして其の武を尽くさしむ。是の故に智を去りて明有り、賢を去りて功有り、勇を去りて強有り。群臣職を守り、百官常有り、能に因りて之を使う。是れを習常と謂う。

有レ智而不二以慮一、使三万物知二其処一、有レ賢而不二以行一、観二臣下之所レ因、有レ勇而不二以怒一、使三群臣尽二其武一。是故去レ智而有レ明、去レ賢而有レ功、去レ勇而有レ強。群臣守レ職、百官有レ常、因レ能而使レ之。是謂二習常一。

▽能力と実態を隠すのです。そうすることで、万民も臣下も精勤するようになるといいます。

逆の場合を考えてみましょう。君主があまりに智恵の光を輝かしてしまうと、臣下や民は警戒して、自分の実情を見せなくなるでしょう。自分たちが働かなくても君主がやってくれると思ってしまうのです。また、君主が自らの好みをさらし、言動に表せばどうなるでしょうか。臣下や民は、その君主の価値観をもとに動くことでしょう。それは一見良いようにも思えますが、実は違います。君主に気に入られようとして自分を飾り、君主の好みに合わない情報は耳に入れないようにしてしまうのです。これでは、君主は裸の王様になってしまいます。だから、あえて実態を隠すのです。隠すことにより他者を動かす。これが韓非子の考えた人間操縦の術でした。

何をすれば罰せられるか

そうは言っても、すべてを隠すわけではありません。はっきりさせておくべきものもあります。「何をすれば罰せられるのか」ということです。

何が安全で何が危険かが明らかにしてあれば、左右の臣下はどうして嘘をついて君主を惑わし、役人たちは利を求めて下々からあさろうとしようか。このようにして臣下は忠誠を明らかにして人に覆われることがなく、人々はそれぞれの職を守って恨むことがない。これこそ、管仲が斉を治めた方法であり、商君（商鞅）が秦を強くした方法である。

（『韓非子』姦劫弑臣篇）

安危の道、此くの若く其れ明らかなれば、左右安んぞ能く虚言を以て主を惑わし、而して百官安んぞ敢て貪利を以て下を漁らん。是を以て臣は其の忠を陳ぶるを得て弊われず、下は其の職を守るを得て怨みず。此れ管仲の斉を治むる所以にして、商君の秦を強くする所以なり。

安危之道、若ㇾ此其明也、左右安能以二虚言一惑ㇾ主、而百官安敢以二貪利一漁ㇾ下。是以臣得ㇾ陳二其忠一而不ㇾ弊、下得ㇾ守二其職一而不ㇾ怨。此管仲之所二以治ㇾ斉、而商君之所二以強ㇾ秦也。

▽冒頭の「安危の道」は、具体的には賞罰を意味します。何をすれば賞を得られ、何をすれば罰せられるのか、それがあらかじめ法によって明示されています。臣下も民も言

い逃れをすることはできません。術は隠しておく一方で、法（賞罰）は明らかにしておく。それによって人は動かざるを得なくなるのです。

なお、ここに言う「管仲」とは、春秋時代の斉の宰相。桓公に仕えて斉を春秋の覇者の一つに押し上げました。商業重視の富国強兵策を実施したとされます。また「商君」は、商鞅のこと。原名は公孫鞅。商の地に封ぜられたことから、商鞅または商君と呼ばれます。商鞅の断行した「変法」は秦を一大強国へと押し上げました。具体的な「変法」の内容については、85頁をご覧下さい。

彼らは春秋戦国時代を代表する政治家でした。この成功例は明快な「法治」によっていたからだと韓非子は言うのです。

人を動かす秘訣

『韓非子』では、人を動かす方法を、人物の故事という具体例で示す場合もあります。戦国時代のはじめの武将呉起の故事です。呉起は兵書『呉子』の著者とされる著名人で、孫子と並んで古代中国を代表する兵法家として知られていました。その呉起はどのように人々を動かしたのでしょうか。『韓非子』も絶賛する「争うように人が動く秘訣」を紹介してみましょう。

呉起が魏の武侯に仕えて西河の長官になった。秦に小さな砦があり、国境に隣接していた。呉起はこれを攻めようと思った。取ってしまわないと、こちらの農民の害になるからである。ただこれを取ってしまうために、わざわざ軍隊を集めるほどのこともない。そこで、車一台をその砦の北門の外に引き出し、布告して言った、「この車を南門に移す者がいれば、上等の農地と居宅を与えよう」と。誰もこの言葉を信ぜず、移す者はいなかったが、やがて移す者が出たところ、約束通りの褒美をもらえた。そこで呉起はすぐさま、一石（約百リットル）の赤菽（赤い豆）を東門の外に置いて告知した、「これを西門に移した者には、同様の褒美をとらす」と。人々は争ってこれを移そうとした。そこで命令を下して言った、「明日、敵の砦を攻撃する。一番乗りした者には、これを国大夫に任じ、上等の農地と居宅を与える」と。人々は争うようにはせ参じた。ついに砦を攻め、朝のうちに陥落させた。

(『韓非子』内儲説上篇)

呉起、魏の武侯の西河の守と為る。秦に小亭有りて境に臨む。呉起之を攻めんと欲す。去らずんば、則ち甚だ田者を害す。之を去るには、則ち以て甲兵を徴するに足らず。是に於て乃ち一車轅を北門の外に倚せて、之に令して曰く、「能く此を南門の外に徙す者有らば、之に上田上宅を賜う」。人之を徙すもの莫し。之を徙す者有るに及び、還って之に賜うこと令の如くす。俄かに又一石の赤菽を東門の外に置きて、之に令して曰く、「能く此を西門の外に徙す者有らば、之に賜うこと初めの如

呉起、為二魏武侯西河之守一。秦有二小亭一臨レ境。呉起欲レ攻レ之。不レ去、則甚害二田者一。去レ之、則不レ足三以徴二甲兵一。於レ是乃倚二一車轅於北門之外一、而令レ之曰、「有下能徙二此南門之外一者上、賜二之上田上宅一」。人莫二之徙一也。及レ有二徙レ之者一、還賜レ之如レ令。俄又置二一石赤菽東門之外一、而令レ之曰、「有下能徙二此於西門之外一

くす」。人争いて之を徙す。乃ち令を下して曰く、「明日且に亭を攻む。能く先登する者有らば、之を国大夫に任じ、之に上田宅を賜う」。人争いて之に趨く。是に於て亭を攻め、一朝にして之を抜く。

者上、賜レ之如レ初」。人争徙レ之。
乃下レ令曰、「明日且攻レ亭。
有二能先登者一、任二之国大夫一、
賜二之上田宅一」。人争趨レ之。
於レ是攻レ亭、一朝而抜レ之。

▽何とも興味深い話です。呉起は強国秦に隣接する西河の長官を任され、連戦連勝したと伝えられます。その秘訣の一つが、こうした方法でした。まず小さな事で賞の信頼性を確保します。告知を聞いて、半信半疑で車を移動しただけで、その人は、大変な恩賞にあずかりました。われらの将軍は嘘をつかないと確信した人々は、雪崩を打つようにはせ参じたのです。中央の正規軍を動員するまでもなく、現地のわずかな兵力で、秦の砦を落とすことに成功しました。呉起は人の心が何によって動くのかをよく理解していました。韓非子はこれを理想の形として紹介したのです。

心理を巧みに利用する

また、同じく戦国時代の魏で、宰相として活躍した李悝も、射撃を上達させる秘訣を披露したとされます。

> 李悝が魏の文侯に仕えて上地というところの長官になった。その地の人々の射撃がうまくなるよう願って、こう号令した。「疑わしい訴訟ごとがあるときには、当事者に弓で的を射させ、当たった者を勝訴とし、はずれた者は敗訴とする」と。号令が下るや人々は皆すぐに弓を習い、日夜休まず練習した。秦と戦うことになったとき、大いに秦を打ち破った。人々が射撃に巧みとなっていたからである。
>
> （『韓非子』内儲説上篇）

李悝、魏の文侯の上地の守と為る。而して人の善く射んことを欲するや、乃ち令を下して

李悝、為㆓魏文侯上地之守㆒。

而欲㆓人之善射㆒也、乃下㆑令

曰く、「人の狐疑の訟有る者は、之をして的を射しめ、之に中る者は勝ち、中らざる者は負けとせん」。令下りて人皆疾く射を習いて、日夜休まず。秦人と戦うに及び、大いに之を敗る。人の戦射を善くするを以てなり。

曰、「人之有二狐疑之訟一者、令二之射一レ的、中レ之者勝、不レ中者負」。令下而人皆疾習レ射、日夜不レ休。及下与二秦人一戦上、大敗レ之。以三人之善二戦射一也。

▽当時の訴訟制度がどのようなものであったかはよく分かりませんが、捜査能力の限界や証拠不十分などで、はっきりと判決を下せない訴え事もあったのでしょう。そこで李悝は、当事者たちに弓を射させ、的に多く当たった者を勝訴にすると宣言したのです。

しかし実は、李悝の真意は別の所にありました。軍事力の強化です。戦国時代、弓は主要な武器でした。その射撃精度の良し悪しがそのまま戦争の勝敗に直結します。ではどうすれば良いのか。無理矢理弓を練習させようとしても、人々は従わないでしょう。強制されるのは誰しもいやなものです。ところが、裁判に勝つか負けるかという、わが事になれば話は別。誰に言われるまでもなく、皆必死で弓を練習します。こうした心理を李悝は巧みに利用して、人々の射撃能力の向上を図り、秦に勝利したというのです。

先の呉起に続き、韓非子は、この李悝の故事も人を動かす具体例として評価しました。

荀子と韓非子の人間観の違い

このように、韓非子の人間観は、「人は利によって動く」というものでした。呉起の部下が車や荷物を動かしたり、李悝の号令によって人々が弓の練習に励んだのも、みな利につられてのことでした。利こそ、民心をつかみ、人を動かす有力な手段なのです。

こう見てくると、荀子と韓非子のたどり着いた人間観には、やや違いがあることが分かるでしょう。荀子は確かに性悪説を主張しましたが、それは人間に根源悪が内在すると指摘するものではありませんでした。礼や学問によって人を善に導こうとするもので、人間の大いなる可能性を認める思想でした。

ところが韓非子は、人間の本性が善だの悪だのとは言いません。ただ、利によって動くという冷徹な人間観を持つに至りました。そして、人を動かすための法と術の必要性を説いたのです。

かつて孟子は、すべての人が天から善なる性をもらってこの世に生まれている以上、人はおのずから善人になれると主張しました。しかし、荀子はその天と人との関係を一旦切り離して性悪説を説き、韓非子も、人が天から善性を付与されているなどとは考えなかったのです。

ただ、荀子と韓非子の人間観には、かなりの開きがあったと言えましょう。それは、人間に対する信頼の有無という点です。その結果、荀子は人の成長の可能性に期待し、礼や学問によって人を善なる存在に導こうとしました。これに対して韓非子は、そもそも善や悪といった価値観の問題には触れず、ともかく人は利益に誘導されるものだと考えて、その具体的な方法を模索したのです。人心掌握の方法が大きく違っているのは、その前提となる人間観に相違があったからに他なりません。

四、法治の挫折と礼治の復活

「法治」瓦解の要因

周王朝の黄昏時に活動し、その衰退を目の当たりにした荀子と韓非子は、昔を懐かしむのではなく、新しい国家像を提示することによって世界の再生と安定を願いました。単純に図式化すれば、従来の儒家の説く「徳治」に代わるものとして荀子が「礼治」を提唱し、さらに韓非子が「法治」の思想を集大成して、それが秦帝国の誕生を後押しした、という流れになるでしょう。その歴史的意義は絶大です。中国三千年の歴史の上でも最大の転換期をもたらした思想と評価できます。

ただ、始皇帝が採用し、強力に推し進めた「法治」は、わずか十五年で瓦解しました。どこに問題があったのでしょうか。

秦のあっけない滅亡は様々な要因が複合的に重なり合ったものですが、思想としての「法治」に問題があったとすれば、それは、王権の抑制という点でしょう。荀子も韓非子も、強いリーダーの登場を願い、いかにすれば王の権威を強化できるかと思索を重ねました。

荀子の「礼治」は、一面において格差を明確にする機能があります。王を頂点とするピラミッドに臣下や民が段階的に位置する構造です。荀子がたびたび「分」（分限、分際）に言及するのはそのためです。皆が礼を守り、分をわきまえれば、このピラミッドは崩れることがありません。

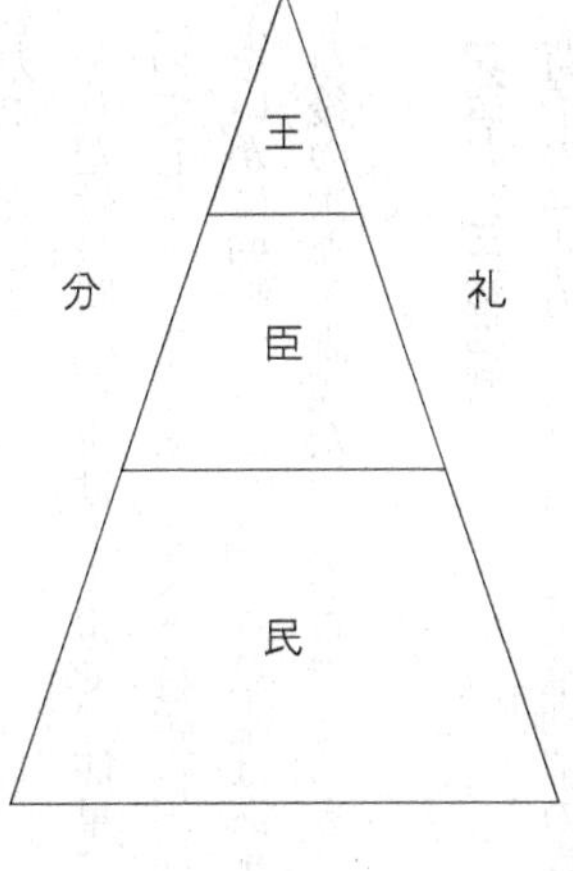

また韓非子も、君主の権威を確立し、下剋上を招かぬようにと思索を重ねました。

「法」に加えて、臣下をコントロールする「術」と君主の権威を高める「勢」の重要性を力説しました。

それだけ当時の王権は不安定で、簡単に権力を簒奪されてしまうという危機感があったのでしょう。まず考えるべきは王権の強化でした。したがって、それとは逆の、「王権をいかに抑制するか」という思索はあまり進まなかったようです。それは王権が確立した後の次なる課題だったからでしょう。

「礼治」と王権抑制

荀子の「礼治」には、まだ王権抑制の意識があったのではないでしょうか。王は王なりに、臣下は臣下なりに、礼によって緩やかに規制されるというのが理想だったからです。

しかし抑制の機能を持たない「法治」の思想は、大きな弱点を持っていました。なぜなら、王だけが超法規的存在となってしまい、王の言動が法の規制を受けなくなるからです。韓非子が説いた法治とは、「法の下の平等」を説くものではありませんでした。法とは、王が世界を統治するための有力な道具に過ぎなかったのです。

とすれば、その法を使う王が優秀な人の場合はうまく機能し、愚かな人の場合には、その王自身のために悪用されるということになってしまうでしょう。これでは結局、法治ではなく「人治(じんち)」となってしまいます。富と権力が一人の人間に集中し、しかもそれを監視・抑制するシステムがなければ、その組織はいずれ破綻するでしょう。

法家は、儒家のやり方を人の心に頼る「心治(しんち)」だと批判し、それに代わるものとして「法治」を提唱したはずです。しかし、その法に為政者を抑制する機能がないのなら、法家の「法治」は結局、人次第の「人治」となり、「心治」と構図は変わりません。

上に立つ者も法の支配を受ける。いや上に立つ人こそ率先して法を遵守する。この精神が大切なのです。法治に抑制の機能を付け忘れたのが、法家の唯一の、そして最大の失敗だったと言えましょう。

それでは、秦帝国が崩壊し、その苛酷な法治が批判された後、中国の統治システムはどうなったのでしょうか。もちろん、法（刑）そのものは漢代以降も生き残りました。広大な領土を治めていくのに必須だったからです。「律令(りつりょう)」体制という言葉も、それをよく表しています。

ただ、秦帝国への反省から、抑制機能を持たない「法治」に完全依存することはしませんでした。それを補ったのが、実は「礼治」だったのです。かつて荀子が提唱した通り、礼と法（刑）はうまく棲み分けしながら併用されていきました。礼を守れない者は法も守れないという荀子の言葉がよみがえります。それは、最後の王朝清代まで続いたのです。

五、新発見の資料と荀子の再評価

出土した竹簡

中国思想史研究をとりまく環境は、この数十年で劇的に変化しました。それは、新しい史料の出現です。都市開発や盗掘によって、土が掘り返され、古代の墓の中から副葬品が発見されるのです。墓主が生前大切に使っていた品々がお棺というタイムカプセルの中から出現するわけです。古代中国の埋葬方法はもちろん土葬でした。貴族ともなると、深い墓坑の中に二重三重の豪華なお棺を埋めます。死者のまわりには様々なものが収められました。

その中の一つに、竹簡があります。竹簡とは、諸子百家の時代の書写材料で、竹を細く加工し札にしたもの。これを紐（または革）で編んで「冊」にします。本の原初的形態です。「冊」という漢字は、竹簡を並べてそれを横紐で綴じた形を表します。さらにそれを机の上に置くと「典」になります。やや大型の典籍や大切な本はこの「典」で表されました。

いずれにしても、紙が発明される前の書籍は、この竹簡を編んだ「冊」でした。諸子百家の時代の主要な書写材料です。孔子や孟子が読み書きしたのもこれです。竹簡は、軽くて携帯性に優れ、また、継ぎ足すこともできました。始皇帝が韓非子の論文を読んで感動したと伝えられていますが、それも秦に伝わってきた竹簡を読んだに違いありません。

その後、漢代に入って紙が発明されると、竹簡は次第に淘汰されていきました。紙の方がより軽量で、

銀雀山漢墓（中国山東省）

竹の幅という制約を解き放たれ、のびのびと字を書くことができたのです。また、図や表や絵も描くことができるようになりました。遣隋使や遣唐使が中国に行った時には、すでに竹簡は役割を終え、姿を消していました。記録としては伝わっていたのですが、竹簡の現物を目にすることはできなくなっていたのです。

そうした竹簡が数百枚・数千枚という単位で発見されるようになったのは一九七〇年

代からです。有名な『孫子』の兵法の竹簡が発見されたのも、一九七二年のことでした。山東省の銀雀山というところで漢の時代の墓が発見され、その中に大量の竹簡が副葬されていたのです。これを銀雀山漢墓竹簡といいます。

ただ、当時は、いわゆる文化大革命の終盤で、世の中が大混乱していました。きちんとした考古学的調査が行われたわけではなく、発見した農民たちが墓坑から手荒くすくって引き上げたのです。その結果、竹簡はばらばらになり、その後の調査研究に支障を来しました。

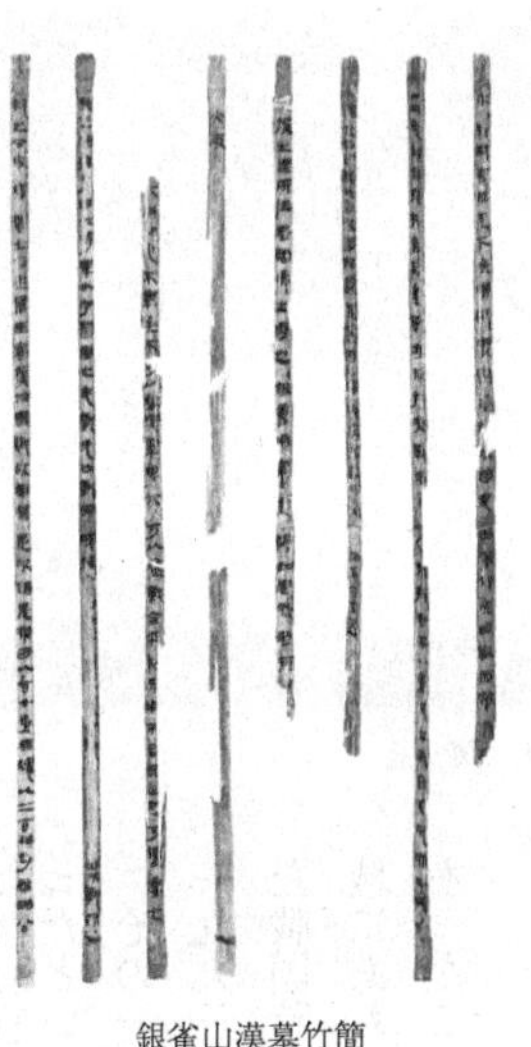
銀雀山漢墓竹簡

こうした反省を踏まえ、その後は慎重な考古学的発掘も行われましたが、依然として盗掘も後を絶ちません。副葬されている青銅器や陶器などが高く売れることを知っている農民たちが、古墓を暴いて副葬品を流出させるのです。あるいは、古墓があるとは知らず、

竹簡の形状（復元品）

耕作用の土を削っていったら、お棺に突き当たったというケースもありました。

その一つに、郭店楚簡という竹簡があります。一九九三年、湖北省荊門市の郭店村で発見された戦国時代の竹簡です。墓が戦国時代の楚の領域にあり、また竹簡の文字も当時の楚の文字であったことから、楚簡と呼ばれます。

荀子の思想の再評価

この中に、『性自命出』『成之聞之』『窮達以時』という重要な文献が含まれていました。これまでまったく知られていなかったものです。そしてこれらが、荀子の思想について再評価を促す資料となったのです。

まず、『性自命出』は、文字通り「性は命よ

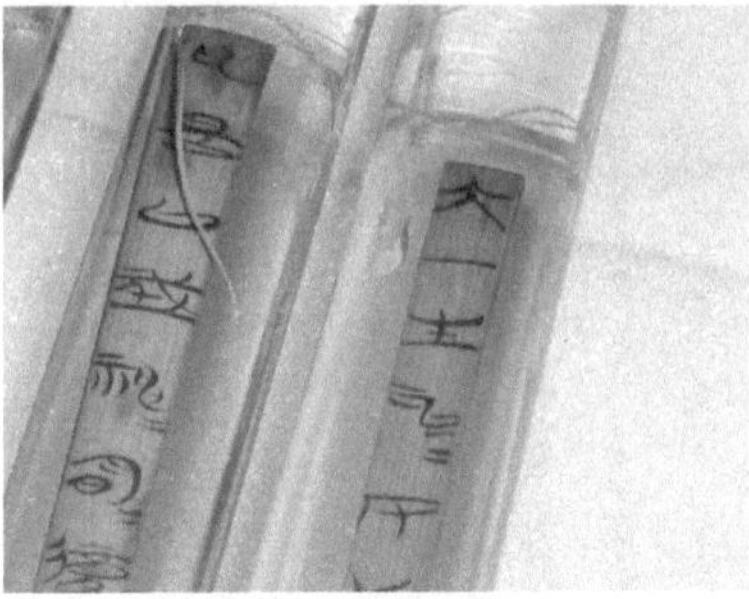

り出ず」と、人間の本性が天命に由来することを説く文献でした。人間が善人たりうる究極的な根拠は天にあると主張するのです。この天と人との関係は、孟子の性善説を想起させます。郭店楚簡は今から二千三百年前くらいの写本で、戦国時代中期頃にあたります。写本ですから、その原本の成立はそれより前ということになるでしょう。とすれば、孟子よりもやや早い段階で、こうした性に関する議論が儒家の中で生まれていたということになります。

郭店楚簡（保存の状態）

また、『成之聞之』という文献は、人間に「聖人の性」と「中人の性」があると説きます。性の種類を一応二つに分けながら、その両者に本来的な区別はないと説く文献です。もっとも、聖人が徳を成就した後には、民の性との間には歴然とした違いが生ずるとも説いています。後天的な努力の結果、性に差が生ずると説くのは、荀子の性悪説を連想させます。

さらに、『窮達以時』は、「天」と「人」には区別

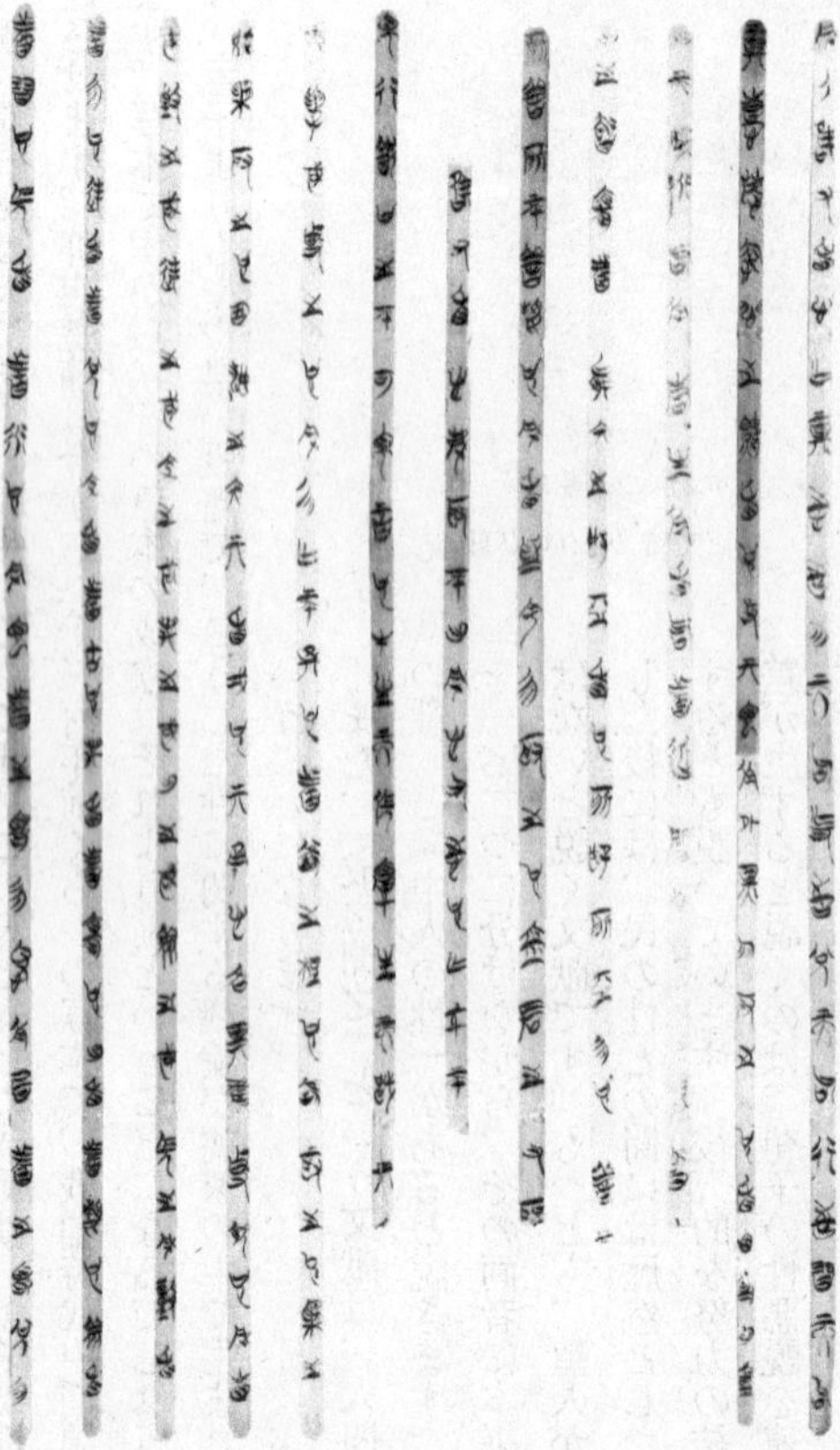

郭店楚簡『性自命出』

があると説くもので、天人相関説を否定するような見解を述べています。

題名の「窮達以時」とは、人が困窮するか栄達するかは、天の時の推移に関わるもので、人の領域のことではない（窮達は時を以てす）という意味です。荀子の「天人の分」が連想されましょう。

このように、紀元前三百年頃の写本とされる郭店楚簡に、すでに性善説・性悪説の先駆とも言える性説や「天人の分」に似た思想が見られるのです。とすれば、孟子の性善説や荀子の性悪説、「天人の分」などの革新的思想は、それぞれ孟子や荀子が初めて言い出したものではなく、それ以前の儒家の間でも思想的課題として盛んに議論されてきたものだという可能性が出てきたのです。

ただ、そうした中でも、荀子の議論はきわめて体系的で理路整然としていました。『荀子』の構成を振り返ってみましょう。

学問の奨励を説く「勧学篇」、他の諸子百家を総括して批判する「非十二子篇」、国家経済について説く「富国篇」、軍事について説く「議兵篇」、天人の分の思想を説く「天論篇」、礼による統治を説く「礼論篇」、そして、人間の本性について説く「性悪篇」。

重厚かつ整然とした構成です。そのため、『荀子』は優れた思想として後世に伝えられていったのです。

おわりに　変革の時代に求められる思想

荀子は当時の著名な思想家たちを広く見渡して、漏れなく批判しました。自分の説の正当性を主張しようとする場合、必要なのは、その説と対立する論敵、あるいは対立しそうな仮想敵をすべてつぶしておくことです。えてして自説を誇ることだけになりがちな中で、荀子の周到さは見事です。反論の余地を与えません。さすがは斉の稷下で学長職を務めただけのことはあります。稷下には、様々な思想家たちが集まり、情報を把握しやすいという利点もあったのでしょう。それにしても、その視野の広さ、見事な分類、的確な批判は傾聴に値します。

ひるがえって現代社会における批判の様相はどうでしょうか。大きくは二つの問題点があるように思われます。

第一は、視野が狭いこと。この世を語るには、政治・経済・外交・教育・文化などさまざまな分野の知識が必要です。さらにその根底には、しっかりとした歴史観や哲学がなくてはなりません。具体的な教育問題ひとつを取り上げるにも、世の中を広く見渡した上でないと適切なコメントは出せないでしょう。荀子のように、当時の思想界をすべて把握し分類してしまうぐらいの視野と見識がなければ、力強い論説とはなりません。

第二は、創造性に乏しいこと。批判のための批判は容易です。しかし、その先に何があるのでしょうか。批判は、現状を打破し、次の新たな世界像を提示するためのものでなければなりません。他人にケチをつけるだけなら簡単です。問題は、その先を鋭く見通しているかどうかという点でしょう。

荀子は鋭い批判的精神を持っていました。しかし、基本的には儒家の徒です。では儒家でありながら、その枠を一歩踏み出すことができたのは、なぜでしょうか。また、自身のよって立つ基盤を見直す際の心構えとはどのようなものだったのでしょうか。

一つは、伝統に立脚しながらもそれに染まらないということです。はじめから伝統を無視するのではなく、まずはしっかりとそれまでの伝統や慣習を尊重する。その上で、あくまで是々非々の態度で臨み、盲従（もうじゅう）しないという心構えです。

それにはまた、鋭敏な感性も必要となるでしょう。時代の風をキャッチするということです。新しい風が吹き始めているのに、それを感じることができなければ、結局は、伝統に縛られ、慣習に染まったままになります。ほほをなでる風が今までと少し違う。

それを感じるためには、普段から自身の受信機を磨いておく必要があります。
荀子は、戦国時代末期の風を受けて、従来の伝統的な儒家の思想に染まらないと決意し、それによって新たな統治理念や世界像を提示することができたのです。

【参考文献】

藤井専英『荀子』上・下（明治書院・新釈漢文大系、上一九六六年、下一九六九年）
竹内照夫『韓非子』上・下（明治書院・新釈漢文大系、上一九六〇年、下一九六四年）
金谷治『荀子』上・下（岩波文庫、上一九六一年、下一九六二年）
金谷治『韓非子』全四冊（岩波文庫、一九九四年）
木村英一『法家思想の研究』（弘文堂書房、一九四四年）
児玉六郎『荀子の思想』（風間書房、一九九二年）
工藤元男編『睡虎地秦簡訳注』（汲古書院、二〇一八年）
湯浅邦弘編著『概説中国思想史』（ミネルヴァ書房、二〇一〇年）
王天海『荀子校釈』修訂本（上海古籍出版社、二〇一六年）

た行

は行

ま行

や行

ら行

◈ 主要語句索引 ◈

あ行

か行

さ行

ビギナーズ・クラシックス 中国の古典

荀子

湯浅邦弘

令和2年 1月25日 初版発行
令和6年 11月25日 12版発行

発行者●山下直久

発行●株式会社KADOKAWA
〒102-8177 東京都千代田区富士見2-13-3
電話 0570-002-301(ナビダイヤル)

角川文庫 22015

印刷所●株式会社KADOKAWA
製本所●株式会社KADOKAWA

表紙画●和田三造

●お問い合わせ
https://www.kadokawa.co.jp/ (「お問い合わせ」へお進みください)
※内容によっては、お答えできない場合があります。
※サポートは日本国内のみとさせていただきます。
※Japanese text only

ISBN 978-4-04-400546-7 C0198

◆◇◇

角川文庫発刊に際して

角川源義

第二次世界大戦の敗北は、軍事力の敗北であった以上に、私たちの若い文化力の敗退であった。私たちの文化が戦争に対して如何に無力であり、単なるあだ花に過ぎなかったかを、私たちは身を以て体験し痛感した。西洋近代文化の摂取にとって、明治以後八十年の歳月は決して短かすぎたとは言えない。にもかかわらず、近代文化の伝統を確立し、自由な批判と柔軟な良識に富む文化層として自らを形成することに私たちは失敗して来た。そしてこれは、各層への文化の普及滲透を任務とする出版人の責任でもあった。

一九四五年以来、私たちは再び振出しに戻り、第一歩から踏み出すことを余儀なくされた。これは大きな不幸ではあるが、反面、これまでの混沌・未熟・歪曲の中にあった我が国の文化に秩序と確たる基礎を齎らすためには絶好の機会でもある。角川書店は、このような祖国の文化的危機にあたり、微力をも顧みず再建の礎石たるべき抱負と決意とをもって出発したが、ここに創立以来の念願を果すべく角川文庫を発刊する。これまで刊行されたあらゆる全集叢書文庫類の長所と短所とを検討し、古今東西の不朽の典籍を、良心的編集のもとに、廉価に、そして書架にふさわしい美本として、多くのひとびとに提供しようとする。しかし私たちは徒らに百科全書的な知識のジレッタントを作ることを目的とせず、あくまで祖国の文化に秩序と再建への道を示し、この文庫を角川書店の栄ある事業として、今後永久に継続発展せしめ、学芸と教養との殿堂として大成せんことを期したい。多くの読書子の愛情ある忠言と支持とによって、この希望と抱負とを完遂せしめられんことを願う。

一九四九年五月三日

角川ソフィア文庫ベストセラー

菜根譚
ビギナーズ・クラシックス 中国の古典
湯浅邦弘

「一歩を譲る」「人にやさしく己に厳しく」など、人づきあいの極意、治世に応じた生き方、人間の器の磨き方を明快に説く、処世訓の最高傑作。わかりやすい現代語訳と解説で楽しむ、初心者にやさしい入門書。

貞観政要
ビギナーズ・クラシックス 中国の古典
湯浅邦弘

中国四千年の歴史上、最も安定した唐の時代「貞観の治」を成した名君が、上司と部下の関係や、組織運営の妙を説く。現代のビジネスリーダーにも愛読者の多い、中国の叡智を記した名著の、最も易しい入門書！

呻吟語
ビギナーズ・クラシックス 中国の古典
湯浅邦弘

皇帝は求心力を失い、官僚は腐敗、世が混乱した明代末期。朱子学と陽明学をおさめた呂新吾が30年かけて綴った人生を諭す言葉。「過ちを認める勇気」「冷静沈着の大切さ」など、現代にも役立つ思想を説く。

孫子・三十六計
ビギナーズ・クラシックス 中国の古典
湯浅邦弘

中国最高の兵法書『孫子』と、その要点となる三六通りの戦術をまとめた『三十六計』。語り継がれてきた名言は、ビジネスや対人関係の手引として、実際の社会や人生に役立つこと必至。古典の英知を知る書。

韓非子
ビギナーズ・クラシックス 中国の古典
西川靖二

「矛盾」「株を守る」などのエピソードを用いて法家の思想を説いた韓非。冷静ですぐれた政治思想と鋭い人間分析、君主の君主による君主のための支配を理想とする君主論は、現代のリーダーたちにも魅力たっぷり。